营销笔记

小马宋　著

经典营销理论的中国实践

中信出版集团｜北京

图书在版编目（CIP）数据

营销笔记 / 小马宋著 . -- 北京：中信出版社，
2022.6（2025.9重印）
　　ISBN 978-7-5217-4359-3

　　Ⅰ . ①营… Ⅱ . ①小… Ⅲ . ①品牌营销 Ⅳ .
① F713.3

中国版本图书馆 CIP 数据核字（2022）第 073201 号

营销笔记
著者：　　小马宋
出版发行：中信出版集团股份有限公司
　　　　　（北京市朝阳区东三环北路 27 号嘉铭中心　邮编　100020）
承印者：　北京通州皇家印刷厂

开本：787mm×1092mm　1/16　　印张：16.75　　字数：194 千字
版次：2022 年 6 月第 1 版　　　印次：2025 年 9 月第 18 次印刷
书号：ISBN 978-7-5217-4359-3
定价：79.00 元

向中国营销领域的开拓与实践者致敬

感谢我的妻子、儿子和家人

插画：小小马宋（小马宋之子）作品

目录

第一部分
基于经营的营销观

第二部分
关于产品

第三部分
关于定价

番外篇

回到最基本的地方

知名战略营销顾问　李靖（李叫兽）

　　我跟小马宋结识已经超过 7 年时间，小马宋不光是我的挚友，也是我所尊敬的专家，他的实践和他对商业基本道理的坚持，一直影响着我。借由这本书，小马宋首次系统整理了他在多年的营销实践中的所得，记录成"营销笔记"。在此推荐给想要理解营销实践，想让自己的营销行动符合这个时代特点、符合自身实际情况的人。也借这个机会，跟大家分享我跟小马宋在不同时期会面的几个故事，帮大家理解这位作者。

1

　　第一个故事发生在 2015 年，当时我在做"李叫兽"的公众号，也刚刚创业做一个小的营销咨询工作室，感觉经验缺乏，想找一些前辈请教。在偶然机会加了微信以后，我跟合伙人李博文一起，在一个周末的午后，去北京石佛营的一家漫咖啡，见到了小马宋。

　　在聊到 2015 年创业热的时候，小马宋就我们正在喝的咖啡举了一个例子，"很多人都有开个咖啡厅的梦想，自己辛苦工作几年，就想攒钱开一家自己喜欢的咖啡厅，做个优哉游哉的老板，同时还能赚钱。但你知道吗？在中国经营的咖啡厅，尤其是要做第三空间概念的，除了星巴克，真的很少有盈利的……"

接着，小马宋开始分析咖啡厅这个生意的特点、规律，以及大家是如何在经营上误解这个生意的，为什么幻想和实际经常不一致。

当时我的感觉，嗯，很难得碰到一个回到基本常识的人（不过没有想到后面一直发展成了挚友）。

2

第二个故事发生在2017年，彼时我加入百度成为一名高管，应接不暇地处理着各种业务问题，某个周末，小马宋说他要创业了，并邀请我一起去他公司喝茶聊聊。

在北京一个不起眼的写字楼，我按照指引走过有点暗也有点冷的楼道，来到角落一处阳光明媚、摆着两张桌子的小房间，这里就是小马宋新的办公室了。

周围不少人创业，那几年也听了不少宏伟的计划，可小马宋一开口就说：

"我现在就是做一家小咨询公司，现在核心的纲领就是不做大，今年明年只要4个人就够了。"

"很多人做公司就想立刻做大做强，当然我也挺想，但这不符合咨询行业的规律。咨询公司就是需要一个个案例去打磨，一点点迭代经验和认知，一点点去培养人才。迅速扩张也没有规模效应，反而导致服务水平迅速下降，对长期发展没有好处，对客户也没有好处。"

听起来很朴素的打算，但当时却让我非常敬佩——好多人创业的第一反应，就是如何增长、计划多么宏伟，但小马宋却首先尊重行业的规律。

3

第三个故事发生在创办公司一年后，在小马宋家附近的一家四川火锅店吃火锅。聊到小马宋最近在做什么客户项目，小马宋给我分享了他最近实践的一些心得。

他有个客户叫熊猫不走蛋糕，是做蛋糕外送的，主要借助微信公众号做流量，之前团队主要围绕如何提高团队本身的品质和配送效率、如何吸引流量来做。找到小马宋做营销咨询，主要是希望能够扩大客户来源。

小马宋调研后发现，它最主要的用户场景就是在三四线城市做儿童生日聚会——经常是一家人或者邀请孩子的好友，专门组织一个聚会。而在这个场景中，大家真正需要的并不是蛋糕惊艳的味道或者任何一道菜的口味（当然这些也需要做到 80 分），而是如何制造"气氛"。

"是的，大家表面上想要蛋糕，实际上需要的是气氛。那与其在蛋糕上下手，不如在气氛上下手。"

所以小马宋策划了一个方案，让公司精选蛋糕的配送员，并且在配送蛋糕的时候可以表演一个魔术。结果真的得到了很多家庭的喜欢——很多孩子期待过生日看到熊猫不走蛋糕的魔术表演，家人和孩子们会拍照留念。公司也因此越来越受欢迎，顾客的拍照分享也带来了更多的客源。

当时听完这个案例，我感触良多。

当想要做一个"方案"来增加客户来源，我们立刻就会想到很多增长方法、投放策略、广告创意方案。我们花很多时间去思考自己想要什么（比如要增长还是要利润，优化管理还是迭代战略），却很少花时间去感受用户真实的想法，去看见企业在用户想要完成的事中扮演什么样的角色。而一个优秀的咨询顾问，确实可以帮助企业回到这个基本问题上。

儿童过生日，看起来是一件小事，但关乎很多人童年的回忆（我至今能够回忆起童年几次过生日的场景）。很多孩子在学校中、幼儿园中并不是主角，可能只是角落中的一员，可在生日聚会中，他们真的可以做一次主角：来的人，不论是爸爸妈妈还是朋友、同学，都围绕着自己，祝福自己。这时候还有一个"魔术师"送蛋糕过来，专门为自己表演，这有多开心。可能这也是商业的伟大之处，通过企业的创新和努力，真的可以给一些人的生活带来意义、快乐，即使仅仅在一件小事上。

以上，喝咖啡、饮茶、吃火锅，是我刚读完小马宋的新书，回忆起过去几年跟小马宋相处的三个故事，这几个故事带给我的感觉，也如同这本书带给我的感觉。

此时此刻，一个企业，尤其是消费品企业，要做营销，要持续地经营和成长，确实面临很多挑战。我们面临不断波动的环境，难以把握的流量变化，不断更新的各种平台上的玩法规则，还有市面上充斥的各种各样的方法论。

但是有一些是不会改变的，也是我在书中的一篇篇笔记中读到的。

一个是务实精神。当我们要一个营销方案的时候，是想要华丽的点子、惊人的创意、盛大的阵容，还是回到企业最基本的经营问题上，看看能为此做些什么。如果把策划方案的人比作医生，你会发现这样的现象：当你敲开医生的门，还没怎么说话和诊断，医生就给你开了一个处方，看到你疑惑的表情，医生说"这个吃了肯定能好，这是我们医院最贵的药"。这种情况在医疗过程中很少出现，但在方案策划里我们却习以为常。小马宋的很多实践，最打动人的并不是让人惊叹的华丽的创意，而是愿意跟企业一起回到真实的、基本的、务实的问题上。

另一个是回到常识、遵循规律。我们有梦想、有愿景，这难能可贵，但再大的梦想也很难反抗更加强大的自然规律。就像书中举的一个例子，一个人均消费100多元的餐厅想要成为全国开店数量最多的商家，最大的问题就是大多数人日常餐饮不会去这么贵的餐厅，这个规律和常识是任何战略攻克不了的。

最重要的，回到最基础的层面，去理解真实的消费者并且给他们创造价值。在办公室中，我们看到的是销售额、净利润、网点数，或者日活用户数、月活用户数、客单价、购买频次，以及各种变化的曲线、战略研讨框架或者某个"大创意"，这些很重要，但进一步进入真实消费者的世界，会让你收获更大的力量。在真实消费者的世界中，是他们要求学，要恋爱，要组建家庭，要找工作，要加班，要放松；为此，他们去赶考，去约会，去看房，去通勤，去开会，去聚餐，去旅行，去探亲。现实中，确实有很多愿意创新、愿意踏实经营的企业，它们因而收获了价值、得到了意义，就像前面举的例子，哪怕是改善一个儿童生日聚会的氛围，都有很大的意义。

致敬读者、我的挚友小马宋，以及这个时代所有的践行者。

营销的营，首先是经营的营

营销，在当今社会中是一门显学。

为什么这么说？因为在今天的商业世界中，企业的营销动作是最容易被看到的。营销本身就包含了品牌推广，既然是推广，看到的人自然就会多；看到的多，大家对营销的印象相对就会更深刻。

这当然是好事，它给从事营销的朋友带来很多机会，也让更多的朋友关注到营销这门学问。在实际的商业经营中营销确实也很重要，它能有效帮助企业获得业务发展，打造长久的品牌资产，协助企业基业长青。

但凡事不能过度，我们也不能把营销的作用无限拔高，认为有了好的营销就会有一切，那不是一种科学的态度。实际上，品牌的成功首先是企业的成功，企业的成功则要归功于企业经营的成功，而营销本身是企业经营的一部分。如果经营本身是一艘帆船，那营销就是风帆，执行营销活动就是对风帆的操作。但如果你只懂得操作风帆，那船坏了就没办法了。如果你具备造船的知识，当没有风的时候，也许可以造一个划桨的船出行。

许多精于营销技巧的朋友，后来再想往上提升往往有一定难度，因为他们很难再向上一个层次思考。只在营销这一个层次思考营销终究会有限制，如果想对营销的认知再提升一个层次，你应该思考的是商业经营的逻辑。

战略管理学家阿诺尔特·魏斯曼曾经说过，一个问题的解决，总是依赖于与问题相邻的更高一级的问题的解决。

营销和经营的关系也是如此。营销威力的发挥与成功，其实最终依赖企业的经营和组织能力。在小马宋的营销咨询实践中，我们非常关注企业经营层面的问题，这为我们抓住关键问题提供了更宏观的视角，而我们在过去的实践中也证明这种思考顺序是有效的。

所以本书主题虽然是在讲营销，却在思考每个具体营销问题的时候都会向上追溯一个层次，让读者理解更高一级的问题，这样才有助于读者更好地理解营销问题。

我们在与客户的合作中也认识到，营销的本质是帮助企业经营，企业经营的本质是让企业在商业活动中获得长期优势。没有经营，就不会有营销，没有好的产品，推广也只能是一种杀鸡取卵、竭泽而渔的行为，没有任何意义。

营销的目的最终还是要服从企业的目标。企业经营的最终目标，是要在竞争中获得优势。企业的成功是综合要素的成功，本质上是企业经营的成功。企业经营要想成功，就要遵循合理的经营逻辑，并且具备好的经营人才、资源、组织和能力等。一个营销点子就能拯救企业的说法是片面的和绝对的，是对商业世界运行规律的不尊重。

在正式开始讲述本书内容之前，我想先给大家讲几个我知道的故事，然后讲一讲我个人的看法。

第一个故事：我的一个朋友原来是 4A 广告公司 [①] 的创意总监，是从设计师逐步做上去的，后来出来做了一个自己的设计公司。依托做创意总监多年积累的客户资源，加上从 4A 公司接的设计外包业务，他的公司开业第一年还不错。

但遗憾的是，开业即巅峰。由于他并不擅长开发新的业务，当那些老客户资源逐渐用完了，他的公司就再也没有什么新业务了。结果这个设计公司在 5 年后就只剩下三名员工，每年也就一两百万元的业务，仅此而已。

这是一个真实的故事。它让我想起在过去几年，好多原来做代工制造的 2B（面向企业用户）业务的公司非常急迫地想转型做 2C（面向消费者）的业务。当然，2C 的业务看起来是很好，比 2B 业务毛利高，可是它们没有搞清楚，这种业务和单纯地做代工制造需要的是两种截然不同的能力。

代工制造，其核心能力是大客户业务洽谈和制造效率，不会涉及终端销售问题。就像原来这位创意总监，他的核心能力是美术设计和创意，但他不具备经营一家设计公司的能力。自己开公司，看起来很美好——自己做老板，不受约束，赚的利润都是自己的——但大多数公司赚不到钱，你想开公司赚钱，首先要具备经营一家公司的能力才行。

我遇到过很多公司，有头部的三七原料供应商，但它们想做自己的三七品牌；有帮知名品牌做食品包装的，但它们想做自己品牌的食

---

① 4A 是美国广告公司协会（the American Association of Advertising Agencies）的缩写，4A 协会对成员公司有着严格的标准，因此所有的 4A 广告公司均为规模较大的综合性跨国广告代理商。——编者注

品；有做奶茶设备的，它们也想做自己的奶茶店；有做茶叶的，它们想做自己的茶饮料品牌……

它们想跨行业经营的理由很简单，就是自己这行太难做了，感觉换一换会很好。这里有两个误区：一个是以为别的行业很美好，其实它们不知道别的行业也很难做；另一个是"以为自己也能做"，其实每个企业都有自己独特的能力，你擅长制造业，那就努力做好制造的事，除非你有很多很多可以浪费的钱等着你去试错。

我也认识一些自媒体人，他们自己有渠道，帮别人卖东西卖得很好，于是就动了心思，想自己也做一个产品来卖。结果做了实业才发现这是个巨大的坑，才发现自己的能力是直播和叫卖，而不是做产品，因为直播带货和经营服装品牌需要的完全是两种能力。

讲这第一个故事，我想提醒你的是：**做什么事，不能基于美好的愿望，而是要基于能力和资源。**老鹰可以吃到兔子，鲨鱼却吃不到，但鲨鱼不应该羡慕老鹰，而是应该努力捕捉更多的鱼。

第二个故事：有一次，我去拜访一家广州著名的餐厅。为了了解这家餐厅，我提前去体验了一次。后来见面的时候，我讲了几个我的感受。

第一，我找不到这家餐厅，因为它的名字只印在了那栋大厦的电梯门口，而且是印在不锈钢门框上，非常不明显。他们特别熟悉自己的每家店，所以从来没想过顾客还会有看不到、找不到餐厅的问题。

第二，我不知道怎么点餐。我拿着服务员提供的粤式点心菜单，上面的分类把我看得迷迷糊糊的，完全看不懂。我在大众点评上看到的推荐菜，在菜单上却怎么都找不到。但是，他们自己没有意识到这个问题。

第三，我不知道这些点心的价格，对于菜单上"超、优、大、首、加"这些单字，我完全不明白，也没有在每道菜后面看到价格。当然他们知道，在菜单的背面有每一个类别的价目，常客可能知道，自己人也知道，但是我真的不知道。

第四，我对每个顾客要被强制收茶位费非常费解。他们说这是广东的传统，每个酒楼都要收茶位费。

我们有个客户叫"遇见小面"，他们的总部在广州，他们在下午推出了"下午茶 9.9 元均一"的小吃。我们曾经专门讨论过这个说法，"××元均一"是广东人的说法，其实很多外地人看不懂。遇见小面现在开到全国了，它就不能用一个只有广东人才能看懂的说法，所以我们把这句话改为"解馋下午茶，样样 9 块 9"。

请注意，你要在全国开店，就不能从一个广东人的角度去思考问题。

你熟悉你的餐厅，但顾客不熟悉，你要从顾客的视角去思考问题。你的审美品位不是顾客的审美品位，你的思考角度也未必是顾客的思考角度。我相信，一个跳广场舞的大妈，你可能觉得她的服装品位很土，但她一定觉得自己穿的是最好看的衣服，所以你不能用自己觉得好的东西去要求顾客。

一个喝现煮苦味咖啡的专业咖啡客，没有必要嘲笑在星巴克喝80% 都是牛奶且甜度很高的拿铁的顾客，因为每个人的口味不同，你不能用自己的口味要求别人。

有一次我去重庆见一个客户，客户问了我一个问题："为什么重庆的火锅这么好吃，却没有特别火的全国性品牌？"我说，其实只是重庆人觉得重庆火锅好吃，作为一个山东人，我觉得重庆火锅又油又腻、又麻又辣，我真的没办法接受这种重口味。同样，作为一个山东人，我也不推荐你去吃"正宗"的山东煎饼，因为正宗的山东煎饼在外省人看来简直难以下咽。现在卖得好的煎饼，要么是改良的煎饼卷各种菜，要么是天津的煎饼果子，根本就没有"正宗"的山东煎饼。

所以，你了解的不一定是顾客了解的，你想要的不一定是顾客想要的，你喜欢的也不一定是顾客喜欢的。

通过第二个故事，我想告诉你的是：**做营销，不能基于自己的视角和偏好，而是要基于顾客的视角和偏好。**

第三个故事：大概在十年前，我认识几个专业的科技和互联网自媒体。有一位自媒体大 V，洞察力和专业能力都很强，他的文章曾经被互联网大佬点赞和转发过。但是今天再看，那些专业互联网自媒体在今天几乎都销声匿迹了。为什么呢？因为它们接了太多的"软文"。软文就是某个品牌找来想让你按照它的意思和方向，写一篇关于这个公司或者品牌的文章，但是这篇文章是付费的。企业找你写软文，当然不希望你写它不好的地方，你只能变着花样夸它。这就失去了客观性和独立性，当你的软文越来越多，你提供给读者的价值也就越来越少了。那个大 V 其实是以批判见长的，但软文只能夸。所以你就会看到他许多观点前后矛盾的文章。渐渐地，他的阅读量越来越少，影响力也越来越小了。

专业的自媒体就应该写独立的观点和洞察，为读者提供价值。那这些自媒体怎么赚钱呢？可以直接发广告，不要变着花样写软文，这才是把影响力持续下去的方法。

我们为一个客户做用户调研时，在调研对象的选取上出现了失误，因为我们调研的并不是这个品牌想要的用户类型，客户对此提出了疑问。负责这个客户的同事用他的"专业知识"说服了客户，让客户消除了疑惑，后来这个同事还很有成就感地和我说，他怎么说服了这个客户。

我听后对他说，你虽然在这件事上"搞定了客户"，但实际上我们的用户调研确实出了问题，你不应该说服客户听你的，而是应该重新选定目标用户去做调研。我让他打电话向客户认错，然后重新调研。我们要的不是让这个项目在客户那里通过，而是要真正地为客户提供价值。

对一个科技互联网的自媒体来说，顾客价值就是深刻的、有洞察力的文章和观点。

对一家咨询公司来说，客户价值就是它为客户提供的有效的营销和品牌解决方案。

一个自媒体去写软文，就是为了追求自己的收入而忽略了顾客价值。一家咨询公司去糊弄客户，只是追求一个项目可以推进，却不管能不能提供有效的解决方案，那也是为了追求自己的收入而忽略客户的需求。

但我们要明白，为顾客创造价值才是一个公司、一个品牌安身立命的根本。企业只有为顾客创造了价值才能获得回报，顾客价值才是顾客购买的原因。如果一个企业不能为顾客创造价值，却只想着怎么赚钱，那它就真的赚不到钱了。

我讲这第三个故事，是想提醒大家：**做企业、做品牌，不能基于自己的利益去思考问题和行动，而是应该基于顾客的需求和利益去思考和行动。**

在本书中，我并没有送给你万能的方法和武器，而是请你从最根本的角度去思考经营、品牌和营销。

最后，我再次强调：

做什么事，不能基于美好的愿望，而是要基于能力和资源。

做营销，不能基于自己的视角和偏好，而是要基于顾客的视角和偏好。

做企业、做品牌，不能基于自己的利益去思考问题和行动，而是应该基于顾客的需求和利益去思考和行动。

第一部分

基于经营的营销观

营销本身是企业经营的一部分。

笔记 1

理解营销，从放弃营销的幻觉开始

营销是大力士，但它不是神，过度相信营销，就等于相信一种方法论的迷信。

你购买了这本讲营销的书，当你翻开本书的第一页，我相信你会很期待看到一些"干货"。这些干货，也许是可以一夜刷屏的事件营销技巧，也许是打造网红品牌的 ×× 法则，也许是创造百万 + 阅读量的文案写作技巧，也许是提升几倍转化率的详情页设计原则，也许是直播带货一次销售过千万的法门，等等。我还相信，如果这本书起一个"直播红利"或者"抢占短视频高地"之类的书名会更吸引人，因为绝大部分日常做营销工作的朋友（尤其是市场部门的员工）眼中的营销就是这些。

除此之外，一些来找我们谈业务的公司老板常常挂在嘴边的还有一句话：能不能帮我们把品牌重新定位一下。我对这些老板常常会反问一句：如果我帮你找到了一个合适的定位，你就能成功吗？

我们经常犯的一个错误，是把成功简单归因。比如一说江小白，有人就会说江小白的成功是因为表达瓶做得好；说起农夫山泉，有人就会说那是因为农夫山泉广告做得好；说起王老吉，有人就会说那是因为它关于"怕上火"的定位。凡此种种，好像一个品牌的成功特别简单似的。我想反问一句，江小白那种煽情文案在网上一搜一大堆，怎么就没见别的品牌也靠这个成功呢？做出农夫山泉那样的广告，对广告公司来说其实也不难啊，为什么没有别的瓶装水能像农夫山泉一样成功呢？一个"怕上火"的定位就能做到上百亿元的销售额，那做品牌营销不是太简单了吗？

首先你要认识到，营销的各种技巧是不能保证企业成功的，因为企业成功是由特别多的因素，而不是单一因素导致的。你想着学一招回去就能让企业起死回生、销量翻番，这种招数其实我真不懂，也不会。一个所谓的大师，如果他向你保证靠一招就能让品牌成功，那这个人一定是个骗子。

比如，有人会觉得江小白是靠表达瓶成功的，这就是一个简单归因，因为江小白的成功是由多种因素造就的，你只想着简单学学就能做几十亿元的生意，那就很不靠谱。即使江小白内部的人出来讲，也会重点讲表达瓶是怎么做出来的。为什么会讲这些呢？因为听的人喜欢听，向往成功的人喜欢听简单的成功故事，如果听完之后发现原来成功这么难，那他们就直接放弃了。

其实大多数人不知道，江小白的创始人有 10 年知名白酒企业的工作经验。不仅如此，江小白在线下餐饮店有 200 万个销售点，就凭这一个能力，99% 想模仿江小白的创业者就可以死心了，因为这个能力不是人人都有的。而这种能力，就是营销中讲的"渠道能力"。并且，能把这 200 万个销售点搞定，背后靠的又是一套利益分配机制和组织管理能力，别说普通创业者，就算是白酒行业的老兵，大部分人也不具备这种能力和意识。

这让我想起另一个故事，亚马逊创始人贝佐斯问过巴菲特一个问题："既然赚钱真像你说的那么简单，长期价值投资永远排在第一位，请问为什么那么多人赚不到钱？"巴菲特回答说："因为人们不愿意慢慢变富。"

说到这里，可能有人就会反驳我：不对，我就见过很多初创品牌靠一篇爆款文章、一个事件营销快速成名了。

不可否认，这种现象确实存在，但你要明白，没有"很多"品牌一夜成名，那只是个别现象。你可以回想一下，每年究竟有几个品牌是一夜爆红的？而中国每年有几百万个品牌都在想着一夜爆红，这是不是和中彩票的概率差不多？

我早年就是专门做事件营销和网络传播的，也做出过许多曝光次数上千万甚至上亿的事件[①]，但实话实说，我们做之前也不知道哪个会红、哪个会爆。所以，大家还是尽早放弃这种幻想吧。

关于营销的具体内容，我会在之后展开讲，这里先提前给大家打个预防针，不要对营销抱有幻想，如果想得太多，恐怕连自己都会信了。

企业的基层员工喜欢各种具体操作技巧，高层管理者则偏爱品牌定位和战略，这是我们大多数人在营销这件事上的认知现状。但我想告诉大家，这些也许是某种层面的营销概念，但绝对不是营销的全部，甚至算不上营销的一部分，充其量只能算是营销的一小部分、一个分

---

① 2010 年，"世界杯期间最牛的公司制度"传播量过亿，转发数百万次；和罗辑思维策划的"甲方闭嘴""papi 酱广告拍卖"也都是很轰动的事件。

支内容而已。

不过我们也不要走向另一个极端，即把所有的具体技能和方法工具全部否认。营销是一盘完整的棋局，由一系列能够互相配合的技能、能力、资源、组织等组成。就像一场战争，既需要整体的战略规划、资源调度，也需要一个个具体的士兵去完成每一项具体的任务。

从另一个角度讲，具体的营销技巧确实很管用，比如，通过产品包装的改变、店铺招牌的再设计，或者修改一篇推广文章的内容，我们就能提升 50% 甚至更多的销量，这种具体的技巧还是非常多的。这类技巧我们在营销咨询中会具体为客户设计，但因为太纠缠于细节，加之每种产品、每种场景、每种媒体都不同，所以不是本书要讲的重点。

我也能深深理解每个人的不同想法。因为每个人所处的场景不同、职位不同，面临的问题不同，他们对营销的理解也会不同。比如一个市场部负责打理公司公众号的基层员工，他面临的具体问题就是"获得更多粉丝和阅读量"。这是一个非常具体的任务，对他个人来说还至关重要，因为这关系到他的升职加薪等个人问题。我们很难要求他从全局、从本质上考虑营销问题，他需要的就是"吸粉技巧和增加阅读量的写作技巧"。这个时候我们不要较真儿，如果我们处在这个位置，就得先做好自己的工作，学一学各种增粉、互推之类的技巧。一个人如果不学具体技能却天天把"宏观""战略"之类的大词挂在嘴上，反倒是有问题的。

作为一个高层决策者，或者有志于在营销领域中走得更远的年轻人，除了学习以上一些具体技巧，我也建议你了解营销的全貌，这就像你先看了地图再走路一样，心里是有底气的。

这本书不是对营销这门学科的系统化阐述，而是用笔记的叙述方式告诉你营销不同层面的内容。这样的话，你即使没办法掌握营销各个环节、各个领域的具体技能，也能做到心中有数，至少在需要的时候知道什么才是对的，该找什么书去学习，找什么工具去使用，如果能达到这个目的，我就很满足了。

笔记 2

赚钱的生意与基业长青的品牌

营销的本质是造就大品牌，成就大基业。现实商业实践中那些别出心裁的小花样能让许多人赚到钱，但这不是我们要讨论的营销。

2019 年，我遇到了一个来自山东的年轻人，他 1998 年出生，初中毕业没考上高中，退学后就开始自己做生意。

他起初折腾过很多项目，包括音乐培训班、广告材料制作等，后来卖起了槽子糕（北方地区流行的一种小蛋糕），生意居然非常火，还开了几十家加盟连锁店。这个项目他是和两个朋友合伙做的，一年下来也有百万元级别的收入，对一个当时只有 22 岁的年轻人来说，这个收入应该超过了 99% 的同龄人。但是，这个年轻人找我的原因，竟然是想加入我的公司。我挺惊讶，问他为什么不自己做，而且我们公司新入职的员工也不可能拿到过百万的年薪，甚至几年内都做不到。他说，自己的槽子糕店就是个两三年的生意模型。这种店看起来很火，天天排队，但是很难长久维持，一般会红火两年时间，两年后这家店的收入就没多少了，店主往往会选择关门，或者重新选址、重新开店，再赚两年钱。他有点无奈，因为这个品牌没办法长久做下去。

他们怎么能做到两年生意很火爆，而两年后又做不下去了呢？我先说说他是怎么把一家小店快速做火的吧。

槽子糕是山东省昌潍地区老百姓普遍喜爱的一种副食糕点，消费者对这个食品的认知度不错，所以做一家卖槽子糕的店，生意的基本盘当然有，但能不能赚钱则是另一回事。以前的槽子糕生意有两种做法：一种是直接在市场或者乡下大集上摆摊卖，这种方式因为不需要租赁店面，成本不高，不说赚大钱，至少不赔钱；另一种是专营中式烘焙的线下店，经营品种会比较多，比如桃酥、枣糕、月饼、牛舌饼、蜜三刀，槽子糕只是其中一个SKU（最小存货单位），这种方式投资比较大，但是品种多，客源较广，做好了也能长期经营下去。

这个年轻人开店却不一样，他只做槽子糕。这样的好处是不需要太复杂的人员培训和很大的店面，经营简单。缺点是经营品种单一，常年维持较高的销售额很困难。这种情况下，要想经营好一家槽子糕店，就必须让这家店迅速成为当地的网红店，而且要维持排队购买的局面。这需要一系列的经营活动相配合。

第一是选址，一定要选在那种人气足够高、客流足够大的市场，包括菜市场、自由市场、小商品市场等，客流多才能维持店面的火爆销售气氛。如果没有这种地理位置的店面，那就宁愿不做。

第二要提前造势，这种造势一般在店铺装修期间就开始了。因为装修期间的围挡等物料是可以作为广告牌来宣传的，这时候就要大力传播门店的优惠活动，他们通常的优惠活动是开业期间买10（个）送5（个）。其实这本是经营中的一种长期促销方式，所以他们还配合了一个重要的促销做法：每天前10名买10（个）送10（个），这就会吸引一些大爷大妈的注意，这样的宣传造势一直要做到开业前为止。

第三就是开业。开业的前几天非常重要，因为只有"开业爆"才可能维持日后销售的火爆。所以一定要选市场客流量最高的那几天开业，他们通常是选择周五。为什么是周五而不是客流量更高的周末呢？因为周五开业当天有免费送槽子糕的活动，可以让周五就形成火爆的排队场景，然后周末两天是集贸市场客流量最大的时候，又可以把排队轻松维持两天。开业前还要看天气预报，如果天气不好那就另择开业时间，一定要等到人气最旺的那几天开业。从季节上来说，夏末秋初是理想的开业时间段，因为山东这个时候一般不下雨，开业后的一个季度天气都非常好，很容易维持火爆的局面。

开业当天，为了制造生意火爆的景象，活动内容就是排队全部免费送槽子糕，一人一袋，每袋8个。其实每袋槽子糕成本只有1元多一点，当天能送600人左右。因为槽子糕要现烤现卖，不能全部烤好等着送人，这样就不至于送得太快，既可以维持全天排队免费领槽子糕的景象，还能节省赠送的成本。开业当天他们一般雇5个兼职人员，一人维持队形，另外四个人主要在市场门口引导顾客过来排队以及发优惠券。当天他们会发2000张左右的优惠券（买10送10），优惠券分两种：一种是限明日购买，另一种是限三日内购买。

开业初期的排队非常重要，因为其他顾客会觉得这家店很火。如果顾客连续多次看到这家店在排队，一般都会有去买一袋尝尝的冲动，所以开业后一至两周主动维持排队盛况是关键。

开业的第二天、第三天是周六和周日，正常销售是买10送5，带优惠券来就是买10送10，而且销售之后还会继续发放优惠券。这时的优惠券又分为两种：一种是明日购买有效，一种是不限时购买。为什么呢？因为槽子糕这种东西不能天天吃，明日有效的优惠券，是希望顾客可以送给朋友；不限时间的，就可以促进顾客复购。

这个阶段的店铺经营，最重要的还是维持生意的火爆场面，所以经营时间要随行就市。一般只在市场客流量最高的时间点开门，一旦市场客流量减少，没人排队了，他们就直接关门停止营业。总之，别人看到他们的店营业时间总是在排队。这个阶段并不是为了卖得更多，而是要能蓄客、吸引关注。

接下来10天左右依然要维持这种经营策略：人多的时候开门营业，人一少就关门下班，同时每天继续发放优惠券，大概每天可以发50~100张。这样维持下来，两周以后基本格局就定了，因为大量的顾客看到这间店两周以来一直排队，他们会愿意买一袋进行尝试，而且槽子糕本身口味也不错，加上热销场景带来的光环效应，顾客会觉得这家店的东西很好吃，这种热销场面就会再维持一两个月。

两个月之后，购买习惯已经养成，这个店的生意就可以维持一两年时间。

这就是这个小伙子的生意经。

原来做生意有这么多门道！但你有没有发现一个问题：这家店的红火会维持一两年，那一两年之后呢？一般生意就会慢慢走向衰落。因为这家店在这段时间的经营，会有很多想发财的加盟者来考察，他们在发现这个品牌生意持续红火之后，就会选择加盟这个品牌，这就是另一种生意模式了。但加盟这个品牌最后能赚钱的并不太多，因为总部虽然可以手把手教给加盟者经营手法，但加盟者却很难耐得住"寂寞"。比如一看到排队人多，他们就不控制营业时间，想尽量多卖一些，结果排几天队就没人排了。即使是总部自己开的店，两年后一般也要转手，因为利润慢慢就缩水了。

这个年轻人看起来是不是一个很懂"营销"的人？如果你只听故事的上半段，可能也会觉得是这样的，但故事的后半段，就是他将在不断地选址、开店、关店中循环。他既不能把这个生意做得很大，也无法从这个循环中脱身。当然他确实可以赚到一些钱，如果你的目标是赚一些钱，这似乎也可以。但如果你真的想做一个受人尊敬的品牌，想创办一家基业长青的公司，那么这么做"营销"是行不通的。

但让我比较不安的是，很多人以为这就是"营销"，还特别推崇这种方法，因为这种方法看起来确实很有效，甚至能把一个并不是很出色的槽子糕店做成一家当地的网红店。如果你也存在这种想法，我希望当你读完这本书之后，再回过头来看这个故事，那时候你可能会对这个故事有一种全新的理解。

笔记 3

企业成功根本上是经营逻辑的成功

逻辑是人类发展的出发点，经营逻辑则是企业成功的出发点。

大概一年半之前，有一位经营线下女装的老板和我讨论定位的问题。她从买手做起，手中经营着自己的服装品牌，在中南地区的二、三线城市有十几家服装专卖店，每家店的销售流水和经营情况都很好，如果不考虑企业规模，也算是一家非常不错的企业了。她问我，自己的这个服装品牌该如何定位？我没有直接回答，我反问她，如果我现在给你做了一个很厉害的品牌定位，你会怎么做呢？顾客想到这个定位的时候就会直接去你们店里买衣服吗？答案好像不是。我接着说，你觉得这样你就会大获成功吗？她想了想，觉得也不会，因为公司并没有发生任何变化。

这是一个很典型的咨询场景，许多公司经营者找我的第一句话就是：小马宋老师，你能不能帮我们的品牌定位一下？好像有了一个品牌定位，一家企业立刻就能起死回生一样。其实不是的，企业的成功是很多因素共同作用的结果，任何告诉你某某公司是靠某一个营销点子就成功了的简单归因，说的人要么是自己不懂，要么就是别有用心。但是企业成功的结果，倒是可以用一个简单的、本质的因素来归因：这家企业在商业竞争中获得了某种优势。

这个道理你没办法反驳，因为只有在商业竞争中占据某种优势的企业才能获得成功。这是一个特别简单的道理，却被无数企业家忽视了。具有讽刺意味的是，许多企业家却非常相信只要"做好营销"就可以让企业起死回生。人们不太愿意相信一个简单的道理，却特别愿意相信用一个简单的方法就能让企业取得成功。为什么呢？因为简单的道理做起来太难了，而简单的方法看起来似乎真的很简单。比如，减肥的道理就简单，你只要"坚持少吃多动"就可以减肥，但90%的人都做不到，所以他们才会相信一些神奇的减肥方法和产品，因为这些产品声称顾客可以靠这个轻松减肥。

企业经营成功的本质是因为获得了某种竞争优势，竞争优势的地位则是通过企业经营来获得的。请一定记住这句话。

企业怎样才能获得竞争优势呢？可能有许多企业经营方法论，但首先要明白的一个道理是，企业要想成功，必须符合经营逻辑。

所谓符合经营逻辑，简单来说，就是企业运作至少从常理和常识上是说得通的，是符合商业规律的。不管是理性的思维推导还是从现实的商业角度看，企业的经营活动都应该符合经营逻辑才行。当一个企业的经营逻辑对了、顺了，企业就会获得优势，并在竞争中取胜。

比如有个人想做餐饮，客单价定在每人100元，他想做成中国门店数第一的餐饮品牌。这就不符合简单的常识和经营逻辑，因为中国消费者频次最高的外出就餐选择是日常餐和工作餐，他们的就餐预算在10~30元。你定位在100元，那就只能做正餐、休闲餐、聚会餐，做不成日常餐，因为你的定位不是消费频次最高的那种餐饮，你就不可能做成中国门店数最多的餐饮品牌。

再比如有制造类产品的企业想转型做 2C 的产品，它们觉得自己在这方面有优势。但它们忘了，2C 产品和做制造类产品的企业需要的是两种能力，如果不具备这种能力和资源，就不太可能做成这件事，这就是一种常识判断。

有一个国内著名的茶叶品牌曾经咨询过我，他们一年有 20 亿元左右的生意盘子，但是茶叶生意集中度不高，即使是头部品牌，整体营业额也就是总体市场规模的 1% 左右，再增长就很难了。他们想扩展自己的业务，想做茶饮料。

我们来思考一下，一个茶叶品牌想做茶饮料，他们成功的概率大吗？他们的决策符合经营的逻辑吗？

我觉得不符合，觉得他们做茶饮料很难成功。

一个企业要想扩展成功，应该是利用好自己原有的优势。这个茶叶品牌做茶饮料有没有发挥他们的优势？答案是没有。一个茶叶品牌要想经营成功，有几个相对关键的因素，包括茶叶的原料和品质控制、茶叶的研发生产、经销商的招募和管理、品牌的宣传和塑造、销售环节的精细化运营等。但是这些优势，放到茶饮料这个项目上，优势几乎就完全消失了。

因为茶叶的消费者和茶饮料的消费者是两个完全不同的群体，所以茶叶企业做茶饮料，不能复用原来的顾客资源。

茶叶的销售主要是靠各地经销商，通过当地的人脉资源和茶叶专卖店销售，但茶饮料的销售主要是通过 CVS（便利店）、KA（大型连锁商场超市）等系统，原来销售茶叶的能力对销售茶饮料并没有帮助。

茶叶的制作讲究搭配、火候、原料等，茶饮料的制作，主要是配方研发，这也是茶叶企业原来没有的一种能力。

茶叶是个弱品类，顾客买茶叶的时候，首先选择的是渠道，他首先想到的是要去哪里买茶。接着他会想买什么茶，是大红袍、铁观音、安吉白茶、西湖龙井，还是云南普洱。他可能会有个相熟的老板，他相信的是这个人，而不是某个品牌。茶叶这个品类的特点是品牌弱渠道强，茶叶的经营主要是渠道经营，也就是对经销商的招募和管理。但茶饮料是一个强品类，品牌非常重要，顾客到了便利店，他会根据品牌排名来决定买什么饮料。

所以做茶叶和做茶饮料是两种完全不同的商业逻辑，也需要完全不同的商业能力。

我对这位老板说，如果你想做茶饮料，那就等于从头开始，不是说不能成功，但是成功概率不大。如果你一定要做就不能用现有的组织和资源体系，你要去可口可乐、统一、农夫山泉、康师傅等公司挖资深人才甚至整个团队来经营，这才有可能成功。

如果一个茶企业想增加业务，它应该做什么呢？比如，它可以开发喝茶的器具，茶具是可以卖给相同的消费者的，这至少在经营逻辑上是相通的。关于茶叶经营，我之后会再讲一个案例。

"品牌价值"或者"品牌势能"本身也可以成为企业的一个竞争优势，星巴克就是因为它的品牌知名度高，所以在经营选址上会获得极大的优势。星巴克不仅可以获得选址的优先权，还能获得租金的优惠，甚至有些商业中心还会为星巴克进驻提供免费场地。星巴克本身是有其他优势的，比如，它的规模导致的供应链优势，品牌知名度带来的顾客认知优势，员工持股和公司文化带来的工作效率优势，以及租金成本优势。星巴克为什么会在与同行的竞争中成功？因为它成本低、效率高，当然就获得了竞争的优势。

北京有一家快餐品牌，叫南城香，它也是小马宋的客户。这家饭店的口号是：饭香、串香、馄饨香。南城香厉害之处在哪呢？南城香的坪效（也就是每平方米能创造的收入）是快餐行业全国平均水平的5倍。一般快餐店单店日流水是7000元，南城香在北京有120家餐厅，单店一天平均流水是35000元。如果你用简单的方法研究它，你会发现它完全不符合通常的品牌经营方法。南城香既有盖饭，又有肉串，还有馄饨，这特别不符合流行的"细分品类"的做法。比如很多人分析太二酸菜鱼的时候会说，你看太二只做酸菜鱼这个品类，所以细分成功了。那你怎么解释南城香呢？南城香也从来不用所谓联名、事件营销、品牌代言、广告等品牌常规打法，那它为什么会成功？

很简单，南城香的成功是商业经营逻辑的成功。

南城香的创始人汪国玉1998年从安徽到北京做生意，最早做的是电炉烤羊肉串。汪国玉做人很实在，他每天亲自去菜市场买羊肉，他问批发羊肉的老板，你的羊肉多少钱？（后面的价格仅是举例，不是准确数字。）老板说15元。汪国玉说我给你16元一斤，但你要把最好的、最新鲜的羊肉卖给我。因为食材优质可口，南城香的电炉烤羊肉串生意就特别好，一到夏天的晚上，餐厅门口摆满了桌子，全是喝酒撸串的顾客。

羊肉串生意最好的时间段是夏天的晚上。夏天大家喜欢晚上出来撸串，边喝啤酒边撸串曾是北京街头巷尾的平常景象。但冬天的生意就一般，北京的冬天太冷，夜里也就没什么人了。不过南城香只靠夏天晚上就赚够了一年的钱，那时它的生意非常火爆，利润也很好。

南城香当时成为优质电炉烤羊肉串的代名词，这是一个很强的顾客认知，用专业词汇来说，就是占领了顾客的心智。

但是，几年之后北京不允许餐厅外摆了，就餐必须在餐厅内，这对烤串生意是巨大的打击。烤串靠的就是外摆，外摆可以让餐厅营业面积扩大数倍。取消了外摆，生意也就一落千丈。即使南城香依旧因电炉烤羊肉串而拥有美誉，也维持不下去了，因为经营条件和环境都变了。

如果你是一个企业经营者，你会坚持只做电炉烤羊肉串吗？你会坚持你的定位就是电炉烤串吗？请你记住，经营逻辑是高于具体的方法论的。如果坚持所谓的定位，只做电炉烤串，南城香只能等死。为了自救，南城香开发了更多的菜品，所以它有了虾仁大馄饨，有了安格斯肥牛饭，有了蛋奶油条，有了手拉奶茶。听起来是不是一个餐饮大杂烩？这么做真的行吗？

我强调一下，没有任何单一的模型能够通杀四方，能在任何条件下所向披靡。一个游泳百米冠军掉进海里他也可能活不了，因为他游不过鲨鱼。蛇的四肢完全退化，视觉能力也不行，它只有一个肺，肝脏只有一叶，整个身体是残缺的，但它有自己的生存之道。蛇有毒液，撕裂的肌肉能迅速复原，它能冬眠，巨蟒甚至可以几个月不进食而不死。狗熊的体形太大，它如果只吃肉就没法获得足够的食物，所以它必须吃杂食，它能爬树、会游泳，可以挖贝壳、抓鲑鱼，实在不行，它干脆冬眠，不吃了。企业就像动物，它们各自的能力是不一样的，它们面临的经营环境也不一样，所以也就发展出了不同的生存适应系统。

南城香这种看起来貌似混乱的菜品结构，其实是与它的各种经营条件相匹配的。南城香选址全部是在社区的街边店，这种地段的餐饮可以全时段经营。写字楼周边的餐饮一般只做工作日的午餐，早上没生意，晚餐也不好做，周末则更差。购物中心的餐厅则是工作日晚上的生意很好，周末生意也很好，但做不了早餐，也做不了夜宵。

南城香的这种选址不受经营时段的限制。所以它既有早餐，也有午餐和晚餐，还有夜宵以及其他时段的产品，任何时候顾客去南城香都有能吃的东西。早餐有蛋奶油条和豆浆，夜宵有电炉烤串，安格斯肥牛饭、虾仁大馄饨等都是工作餐、晚餐的解决方案，手拉奶茶可以作为休闲和配餐的饮品。

一个店租金是固定的，但可以做多时段生意，收入就会增加，经营时间也可以扩展。南城香一天四顿饭，许多商场的餐饮生意是一天两顿饭，南城香的营业额比较高也就符合逻辑了。所以，你看道理是不是也很简单？你还会纠结之前的电炉烤羊肉串的定位问题吗？没有必要了。

南城香从坪效上来说非常好，因为它经营的逻辑非常通顺，这为它创造了营收和成本优势，也可以说经营效率非常高。但它选择了做这种经营模型，也就必须选择接受这种模型带来的缺点。有什么缺点呢？比如选址，它能选到的合适的店址必定很少，所以开店速度就不会太快，20 年在北京只开了 120 家店。再比如其品牌全是街边店，感觉总没有大商场的餐厅高大上，就像 1 点点和喜茶相比，喜茶店铺的位置就会在品牌势能上占优势。

日常运营方面，街边店需要打理的事务更多，开街边店很耗费精力。商场店就要好很多，因为商场会统一解决这些问题。但南城香在这种经营模型下充分发挥了它的优势，并且高效地解决了街边店面临的许多经营问题。这本质上就是商业经营逻辑的成功，而不是简单的所谓"品牌"之类的成功。

再说一个品牌，它叫戴森。

戴森做了一个很厉害的吸尘器，戴森的高转速马达技术确实很牛，这是一个重要的技术壁垒，当然也有赖于创始人詹姆斯·戴森疯狂地注册技术专利，据说他注册了多达 7500 项技术专利。所以戴森在英国很快就做到了吸尘器第一的位置，但它并不是传统的吸尘器品牌，而是在强手如云的环境中以新进入者的身份实现的。这个难度，可能就类似于今天一个新品牌想挑战苹果手机的地位一样。

我们基于定位理论去思考戴森当年的竞争状况，它是一个新进入者，是不是应该做一个细分品类？但戴森没有这么做。戴森的做法很简单，它凭借公司创新的双气旋技术彻底解决了旧式真空吸尘器气孔容易堵塞的问题，它比传统的吸尘器要好用很多倍，当然价格也贵很多倍。这是一种在产品创新上碾轧式的优势，它不会宣传自己是什么定位，它把产品摆在那里让顾客体验一下，顾客就知道了，因为戴森吸尘器真的好用太多了。在巨大的优势中，企业根本不需要那些复杂的策略。所谓巨人过河，是不需要策略和技巧的，巨人直接就走过去了，只有小松鼠过河才需要策略和技巧。

1993 年的时候，戴森在英国开设了研发中心和工厂，它的吸尘器开始迅速占领英国市场，如今，戴森产品已经畅销全球。这么说来，戴森是一个典型的吸尘器品牌，那么，戴森是不是应该坚守这个定位呢？

并没有。

戴森后来开发了加湿器、干手器、吹风机、风扇等产品，个个都很成功。2018年，戴森的经营利润就接近100亿元人民币。戴森的经营逻辑是什么？是充分利用它的专利马达技术储备，让这些专利技术在产品应用上发挥到极致。它才不管是吸尘器还是吹风机呢。戴森的经营逻辑不是占据吸尘器这个细分品类的市场，而是考虑它技术的优势以及复用的可能。这种技术储备相对来说更容易在使用高速数码电机的产品上取得成功。

许多人都学过定位理论，如果"吸尘器就是戴森，戴森就是吸尘器"，那它就应该坚守在这个品类上。可是，它为什么扩展到其他品类也能成功呢？有人解释说它把吸尘器这个品类做得足够强了，所以它可以扩展到更多小家电品类上去。这里就有一个该不该做品牌延伸的问题。戴森可以拓展到吸尘器之外，那为什么米勒淡啤酒就不能成功地拓展到其他啤酒上呢？我再问一个问题，戴森要拓展小家电，那小家电有很多，比如电饭锅、豆浆机、破壁机、电熨斗等，为什么戴森不做呢？

其实逻辑很简单，因为戴森的技术强项是气旋技术，所以它才在吹风机、干手器、风扇、加湿器这些需要"吹"的品类上成功了。你既然有优势，那就充分发挥它，这会积累并放大你的优势，这才是经营的逻辑。

还有一些朋友想知道我对新锐和网红品牌怎么看，是不是在网红品牌身上，品牌就很重要呢？

我们接着聊聊。

品牌经营是企业经营的一部分，品牌经营本身确实会为企业创造优势，比如星巴克。品牌本身会获得社会影响力、顾客优先选择、政府优惠、媒体关注等，但我还是要强调一下，完全靠"品牌"并不可取。过去有许多餐饮网红品牌，后来绝大部分都消失了，因为这些餐饮网红品牌不懂餐饮经营的逻辑。后来的网红快消品也一样，技术上几乎没有壁垒，经营上效率不高，未来还会遇到线下经营能力的困境，我也不能断言说一定不能成功，但还是要看未来这些网红品牌的其他经营能力是否过硬。

有些朋友可能会说，我不关心赚不赚钱，我先赚名气，名气大了再说别的。但实体经济不像互联网，互联网产品可以先获得大量用户，然后再通过流量去变现。如果你就卖食品，这个产品本身也没有利润，你靠什么赚钱？至少我认为这不符合经营逻辑。当然，也有可能是他们发现了另外的经营模型，这就另当别论了。

不符合逻辑，就不会长久。

企业经营成功是因为获得了某种竞争优势，但我们要理解什么是真正的竞争优势。比如在竞争中，经常会出现一种降价促销的情况。我要告诉你的是，低价并不是一种优势，低成本带来的低价才是一种优势。

我们再进一步思考：竞争优势只是一种结果，那获得优势的过程是怎样的呢？这才是问题的关键。其实，优势是靠经营逻辑创造的。就像南城香要做全时段餐饮，就不能选址在写字楼一样，它的餐厅选址、菜单结构、动线布置等都是围绕这个经营定位组织的，这才能真正地提升效率、降低成本。而提升效率、降低成本就是企业获得经营优势的途径。做品牌，本质上也是降低成本、提升效率。

所谓竞争优势，包括很多方面，善于经营关系，也是一种获得优势的方法。此外，资源垄断、技术领先、成本领先，甚至广告投放的效率、淘宝店铺的运营效率、管理经销商的能力、公司治理、股权结构的设计等有利于企业效率提升的经营活动，都可以为企业创造竞争优势。

那为什么大部分人会认为企业就是靠品牌成功的呢？

其实这也不难理解，因为品牌和营销是企业对外最显著的经营活动，外人看到的企业经营活动，就是它做了什么广告、发了什么文章、搞了什么活动，但是企业高效的经营管理，外人看不到；企业的融资活动，外人看不到；企业的人力培训，外人看不到；企业的组织结构，外人也看不到。

他们看到了江小白的表达瓶，看到了元气森林"0糖0脂0卡"的广告，看到了可口可乐的明星广告，但是看不到江小白为200万个餐厅铺货做出的努力，忽视了元气森林为线下经销渠道付出的巨额资金，可能也不了解可口可乐在中国毛细血管一样的终端销售网点（超过300万个），以及对5万名终端销售人员的管理、组织和动员能力。

品牌和营销都是外部能看到的东西，它们当然对企业经营有用，但可能只是冰山一角。更多外人看不到的，才是企业经营这座冰山底层的东西。

用符合经营逻辑的思路和模型，通过高效组织的经营活动，为企业在竞争中创造优势，这才是商业经营成功的根本逻辑。

我在广告公司工作的时候，服务的都是国际大品牌，我们几乎不用关心客户的业务兴衰，只要根据客户提供的产品资料和特点，搞出一条优秀的广告或者一句响亮的口号就好了。至于这个广告创意能在多大程度上帮助客户，我们其实并不关心。这就导致许多广告人并不理解企业的经营情况，或者说他们并不懂生意。你问他一个街边的小超市怎么做才能生意更好，他真的不知道。

我儿子四五岁的时候去学过跆拳道，他学了很多动作，这些动作我都不会。但他打架打不过我，因为他力量不够，个头太小，我用简单的一拳就把他打趴下了。近身格斗确实需要许多技巧，但身体和力量却是格斗的基础条件，否则你的招数再多都没有用。做营销可以有许多"招数"，但企业自身的经营能力是取胜的基础条件。

一个企业要成功，不但经营逻辑要说得通，还需要经营的能力和资源禀赋。比如，我就缺乏管理复杂企业的能力，所以我只能经营一家营销咨询公司，这个公司业务对我来说就相对简单。

2012年左右，国内忽然出现了好多个"互联网餐饮"，有做煎饼的，有做牛腩的，有做烤鸭的，当时名声赫赫风光无两，但没过几年，就都销声匿迹了。这是为什么呢？问题出在经营上。其中一个品牌的创始人后来跟我说，他对管理一个餐厅非常头疼，服务员、后厨、门店等有太多琐碎的事，这不是他感兴趣的，也不是他擅长的。在餐饮这件事上，他更擅长创意营销推广，但不擅长经营。而餐饮门店的经营又是餐饮品牌长久发展的最重要一环，所以这些互联网餐饮销声匿迹，也就在情理之中了。

用西贝创始人贾国龙的说法，"餐饮是勤行"，非常苦，一般人做不来。

企业的经营能力就是小鸟的翅膀，也是企业发展的基础。所以，只关注营销推广而不注重企业经营，就像你用花花绿绿的纸片做出了一只舞动的美丽小鸟，它也能在树枝上摆出好看的舞姿，但一个不小心，它就散架了。

笔记 4

获得卓越经营业绩的两种方法

战略大师迈克尔·波特在《哈佛商业评论》上写过一篇题为《什么是战略》的文章，这篇文章讨论的核心是企业的战略定位问题。

波特在这篇文章中提出了一个问题：如何取得卓越的经营业绩？

他说，企业要想取得卓越的经营业绩只有两种做法，一种是提升企业经营效率，一种是进行战略定位。

那篇文章比较长，在这里我打算用简短篇幅来讲述一下波特的主要观点，而且我认为，这些观点对于企业经营者搞清楚未来的发力方向具有重要的指导意义。

企业要想取得卓越的经营业绩，第一种方法就是提升企业运营的效率。这一点非常容易理解，就是你的企业和同行实施了相同的经营活动，但你的效率比同行更高，那就等于你在每个经营活动上降低了成本。你的成本整体上更低，收益更高，你就把同行甩到后面去了。

在这里你要注意的是，我说的是企业实施了"相同的经营活动"。比如，同样是奶茶店，卖的是同样的产品，但是奶茶店 A 的制茶动线更合理，店员只要三步就可以制作出一杯奶茶，另一家奶茶店 B 需要六步才能制作出一杯奶茶，我们就说奶茶店 A 的奶茶制作效率更高，它只需要 3 个店员就可以，而奶茶店 B 却需要 6 个店员，这样奶茶店 A 就获得了人力成本上的优势。这是一个真实的案例。我有个客户叫兵立王，它的奶茶店制作一杯奶茶就比同行要少走好几步，所以制茶效率更高。

我还有一个电商客户，它是做不粘锅的。在天猫的不粘锅类目前十名的店铺中他们有三个（其中一个品牌叫德玛克）。过去几年它执着地提升站内流量的运营效率，比同行要高出一大截儿，所以它运营出一个转化高的天猫店就特别容易。其实电商的运营手段都差不多，但它的运营效率就是比同行高，也就获得了更多的回报。

日本企业在经营效率上的研究领先于全球其他国家和地区，著名的丰田精益生产法就是不断改进每个环节的效率。2017 年，丰田与大众的总体营收差不多（分别为 2547 亿美元和 2403 亿美元），但利润却是大众的 3 倍左右（丰田的利润为 169 亿美元，大众的利润为 59 亿美元），这就得益于它高效的精益生产法。

经营活动效率的提升，需要企业在每个环节进行持续的改善，这也是我们在服务客户过程中一直在做的事情。

比如很多大品牌的烤鱼店，几年前就开始在后厨使用冰鲜鱼代替现杀活鱼。冰鲜鱼就是在工厂中提前处理好的鱼，不必在门店的后厨现场宰杀。活鱼现杀虽然听起来比较符合餐饮"新鲜"的需求，但活鱼现杀效率太低，卫生也是问题。其实冰鲜鱼的价格每条比活鱼还要高 3~5 元，但是为了提升效率、改善卫生条件，连锁的大品牌大都开始选用冰鲜鱼。这个改善不仅节省了一个杀鱼的员工，还让后厨烤鱼的效率大大提升，这就是一个改善的具体案例。

一个企业从成立开始，应该时刻谨记要对企业经营活动的每个环节进行改善，不断提升经营活动的效率，这样企业的经营才会形成自己的"经验学习曲线"，也就是随着公司的不断发展和经验的积累，公司的经营效率会不断提升。

我们作为一家营销咨询公司，在一个客户咨询过程中的发现和创意，其实是可以复制到其他客户身上的，甚至不同行业的客户经验都可以进行行业间的迁移，这就提升了我们每个咨询项目的执行效率，也使整个咨询公司的效率持续改善。

我们在服务客户的过程中，一次提案只提供一个方向和方案，据我所知，一般同行会提供3~5个创意供客户选择。我们只提供一个方案和设计，是因为我们有坚实的调研和逻辑推导，所以我们的工作量相较而言会小，工作效率也会比同行更高。同样，我们在做提案汇报时只会向客户有最终决策权的人提报，这就不用通过层层中间职位，做不必要的纠结和决策反复，同样也提高了效率。

根据我的观察，在国内的市场环境中，绝大多数企业的优势都建立在高经营效率之上。只要每个经营活动的效率够高，你就可以获得高出同行的业绩和利润。

当然，波特认为提升经营效率会遇到两种限制。

第一，你的经营活动会被同行抄袭。这个比较容易理解，对手可以通过学习你的做法获得同样的经验，也可以通过挖你的员工来获得你的经验。不过我认为，企业与企业之间的经营经验传递非常缓慢，即使是同一个企业内部，不同部门、不同员工之间的知识和经验传递也很缓慢，企业内部的知识和信息分布是不平均的。企业之间的信息差就会更明显。

第二，波特认为经营效率的提升是有边界的。当一个行业内卷到一定程度，你就很难再大幅领先同行了。波特的这个论断理论上是正确的，但在现实中总有信息差存在，总有一些企业会发现更高效的运营方法。

因为提升经营效率有这两个限制，所以波特认为企业要想真正领先，还需要进行战略定位。

波特提出的企业战略定位与特劳特提出的品牌心智定位是两个概念。特劳特讲的定位是品牌在顾客心智中的形象，比如顾客认为波司登是中国羽绒服第一品牌。但波司登的企业战略定位不可能是"羽绒服行业第一"或者"羽绒服全球领先"，这对企业来说只是一个目标，它既不是战略，也不是战略定位。

我们的客户南城香的战略定位，就是"服务北京人民的全时段社区餐饮"。"全时段社区餐饮"这个概念顾客其实也不太懂，所以它并不是顾客心中的定位，而是指导企业经营和发展的战略定位。

注意，如果企业只确定一个概念上的战略定位，是没有任何意义的。企业的战略定位，只有同时开展一系列与之匹配的独特的经营活动来支持它，才能获得竞争优势。

我刚才讲的提升企业经营效率，前提是企业进行的是一系列相同的经营活动，所有企业做相同的事，只是个别企业效率更高。但我说的企业战略匹配的经营活动，是"一系列独特的经营活动"。

南城香的战略定位是"服务北京人民的全时段社区餐饮"，这里的关键词包括"北京""全时段""社区"。这个战略聚焦在北京，它的菜品开发就和别的快餐不一样；战略聚焦在全时段和社区，它的营业时间、选址等也和其他企业不同。

所谓"一系列独特的经营活动"，要么就是你的经营活动与对手完全不一样，比如作为一家营销咨询公司，我们就没有客户部，也没有业务部，我们是坐等客户上门，这就和绝大多数同行不一样；要么就是你的经营活动和别人类似，但实施的方式方法不同，比如我们为客户服务，同样是要给客户提案，但我们只提供一个方案，一般同行会提供3~5个备选方案，这就是实施的方法不同。

最能让你体会到"独特"的案例，是美国的西南航空公司。

西南航空一直是全世界最赚钱的航空公司之一，尽管它是一家廉价航空公司。西南航空的战略定位是"中、大型城市的二级机场之间短程、低成本和点对点的飞行"，为了支持它的这个战略定位，西南航空采取了一系列独特的经营活动，这些经营活动主要围绕着低成本和便捷这两个核心。

比如它只采购波音737机型，这就导致它的采购和维修成本降低。它不提供机上餐饮，没有公务舱，只有经济舱，这不仅节省了餐饮费用，其实还节省了数个空乘的人工费用。它不提供指定座位，这样乘客进入飞机就可以快速落座，还能督促乘客提早排队乘机以便找到更好的座位；当然这也提升了乘客进仓的速度，使飞机在机场停机坪上停留的时间更短（波特说它们只停留15分钟），从而降低了交给机场的费用。

它全员持股，不加入美国工会，员工工作效率极高，这也是它能降低机场泊机时间的主要原因。在机场停留时间缩短，不仅节省了泊机费用，还提高了飞机的飞行效率。

西南航空的飞机在登机口设有自动售票机，这让乘客可以绕过旅行社直接购买机票，从而节省了付给旅行社的佣金。

下图是美国西南航空公司完整的"一系列独特的经营活动"。

西南航空公司的运营活动系统

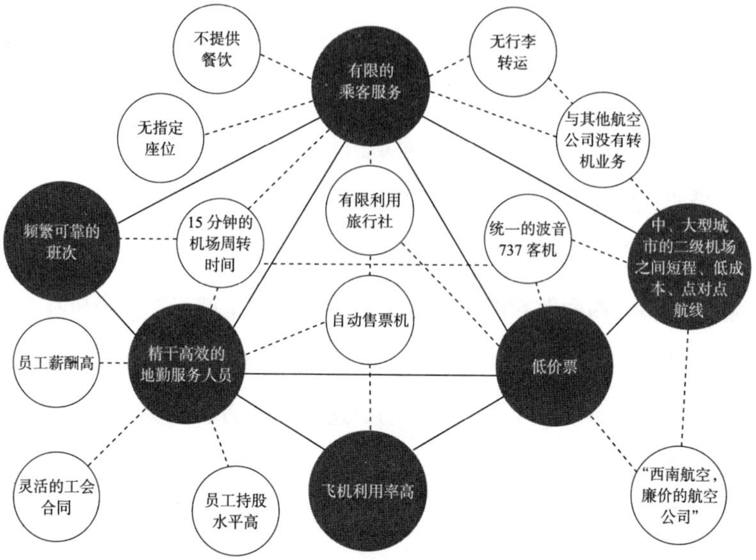

作为支持企业战略定位的一系列经营活动，它们应该是相辅相成、互相协同的。首先，这些活动要满足简单的一致性，不能为了追求独特而独特，而是要保持一致。比如西南航空的所有经营活动都是为了降低成本、维持效率。

其次，这一系列活动要互相加强。比如古茗奶茶会对加盟者进行严格筛选，确保加盟者有良好的经营效益。加盟店生意好了，又会让更多的人愿意申请加盟，古茗就可以筛选出更加适合的加盟者。这样就起到了互相加强的效果。

最后，经营活动最好能实现投入和效率的最优化。企业的经营活动涉及各个部门、各个环节，这些不同的经营活动为企业创造的优势要能互相交织、互相渗透，并且围绕同一个主题进行设计。

比如我们公司，咨询师其实不仅担负咨询创意的职责，还负责与客户沟通，我们没有通常所说的"AE"职位（客户服务），这样不仅节省了人力成本，还能让策划人员直接聆听客户的需求和真实情况，避免沟通环节过多导致的信息误差，反倒提升了咨询效率。

笔记 5

营销的本质是成就他人并创造价值

营销的本质是利他，是成就他人，是创造价值，企业的利润只是因创造价值而获得的奖励。

古罗马时期有一个思想家叫奥古斯丁，他说："什么是时间？当你不问这个问题的时候，我还知道时间是什么，但当你问这个问题的时候，我就不知道时间是什么了。"

世界上确实有很多概念是这样的，当你没让我定义它的时候，我觉得我还挺明白的，一旦你让我来定义一下这个概念，我反倒不知道该怎么说了。从某种意义上来说，营销也是这样一个概念，即使那些错误地理解了营销的朋友也一样，他们甚至也很难准确描述一个他们所认为的营销概念。

这篇笔记，我就试着和你解释清楚什么是营销。

既然营销这个概念是从西方世界发展起来的，那我们就从西方的经典教科书中去寻找答案吧。菲利普·科特勒是全世界公认的市场营销大师，被誉为"现代营销学之父"，他写的《营销管理》这本经典教材至今已经更新到了第16版，全世界几乎所有商学院的营销课程都采用了这本营销学教材。在这本书中，科特勒给出了营销的一个经典定义：

企业为从顾客处获得利益回报而为顾客创造价值并与之建立稳固关系的过程。

科特勒对营销的这个定义是很准确，但却很不友好。为什么？因为对营销没什么概念的朋友，看完之后还是会一头雾水，理解起来很费劲。下面我就用一个通俗的案例来解释一下。

比如北京北五环附近刚建了一个科技园，许多互联网大厂都在这里设立了办公室，有好多"码农"在这里上班。因为科技园刚刚建成，周围没什么餐馆，员工吃早餐就很不方便，他们要么在家里提前吃，要么就在办公室里随便对付一下，或者干脆不吃早餐了。

这时候你在科技园开了一个早餐店，卖包子、油条、豆浆、馄饨等早餐。你为这些公司的员工提供早餐，就是为顾客创造了价值，你不仅提供包子、油条这些具体的商品，还为科技园上班的顾客提供了吃早餐的便利。如果你还能提供预订早餐并且送餐到办公室的服务，那你就进一步为他们提供了便利，这样的产品和服务就是在创造价值。

你的早餐不仅方便，还干净卫生、营养美味、服务热情、品质稳定，一年下来获得了顾客的信任，那你就慢慢建立了信用，有了口碑，顾客就会变得越来越忠诚。你还加了好多顾客的微信，时不时发个优惠券和关心问候之类的，顾客越来越喜欢你，也愿意充值几百元在你的早餐店，这样你就和顾客慢慢建立起了稳固的关系。

其实做品牌生意和做这么一个早餐店一样，都是发现了某种需求或者顾客的某个痛点，然后提供了解决方案，并且慢慢跟顾客建立了长久的联系。

下面就讲一讲在科特勒这个营销定义中的几个关键词。

第一个关键词："创造价值"。所谓创造价值就是设计并生产制造出产品或者提供服务，而这个产品或者服务对顾客来说应该是有价值的，这是营销的基础和根本。

你可以仔细想想，从街边卖煎饼馃子的小摊到麦当劳，从广东遍布街头的凉茶到可口可乐，从摩拜单车到滴滴专车，从街头的卖艺卖唱到维也纳新年音乐会，从腾讯视频的会员到豪华影院，每一个产品都有其价值，正是因为它们提供了价值，顾客才愿意买单。当然你会有个疑问：我怎么才能比别人卖得更好呢？如果从产品这个层面来说，就是你的产品要比别人更有价值，要有差异化。你可能会接着问另一个问题：可是我们这个行业根本就没什么差异化。先别着急，我会在后面的笔记中专门讲"产品"，从而告诉你这种想法是非常错误的。

再用卖早餐这件事举例，你给顾客创造的价值是什么呢？首先可能是你的包子很好吃，用的面粉好，面发得也好，肉用的是土猪肉，菜用的是有机蔬菜，这就是你给顾客的价值。也有可能，你的包子并没有好吃到惊艳，不过味道也不错，但你的早餐店干净卫生，你要求餐厅工作人员每天换一套工作服，所有员工每三个月定期体检，所有餐具严格消毒，等等，让顾客吃着放心，这也是一种价值。又或者，你可以提供早餐预订服务，每天为园区员工送早餐上门，这又是提供了另一种价值。你为人热情友善，待人接物随和谦逊，顾客来你这里买早餐也会有更好的体验，这也是一种附加的产品价值。甚至你店里收银的小姑娘长得特别漂亮甜美，或者做包子的厨师年轻帅气，也是一种差异化的价值。科技园的那些年轻姑娘和小伙子也就更乐意来你家吃早餐了。

第二个关键词："获得利益回报"。商家不是慈善机构，它们为顾客创造并提供价值，就要从顾客那里获得相应的利益回报，这是所有商业活动有效进行的经济基础。你做早餐，因为你店里的包子好吃，所以顾客来得就会更多，你赚到的利润也更多，才有动力把包子继续做好。

第三个关键词："建立稳固关系"。企业和顾客的关系一般并不是一次交易的关系，而是长期多次购买的关系。那如何维护并且锁住老顾客？这也是营销要考虑的问题。比如那些经常光顾早餐店的顾客，你偶尔给他们免费或者多送一杯豆浆，这些老顾客就会更喜欢到你这里来买早点，这就是和顾客建立了长期稳固的关系。当然，现在更多的餐厅是通过数据化的手段来维系客户关系了。

优质的顾客最值得你花精力去维护，但总来你这里买包子的顾客就是优质客户吗？其实未必，这要看你早餐的产品结构、利润结构和顾客的购买偏好，只有看清楚这个顾客的本质，才能更好地应对和调整这种关系。

假设你卖的包子有三种馅：一种是青菜豆腐馅，一个 1 元，毛利率是 60%；一种是猪肉白菜馅，一个 1.5 元，毛利率是 50%；一种是虾仁芹菜馅，一个 2.5 元，毛利率是 40%。同时你还顺便卖豆浆和牛奶：一杯豆浆 0.5 元，主要是为了低价吸引顾客，毛利率只有 20%；热牛奶一杯 2.5 元，毛利率是 60%。

一般顾客会买两个包子加一杯饮品，那么你觉得哪种组合你的利润最高？你可能会说，他应该买两个毛利率最高的青菜豆腐馅包子加一杯牛奶。其实不是，你要明白毛利率高和毛利更高是两回事。我问的是"利润最高的销售组合"，而不是"利润率最高的销售组合"。

卖出两个青菜豆腐馅包子加杯牛奶，你销售的毛利率是60%，获得毛利2.7元。但你想一想，如果顾客买两个毛利率只有40%的虾仁芹菜馅包子外加一杯牛奶，那你获得的毛利则是3.5元。所以，那个经常来你这里买早餐而且更喜欢虾仁芹菜馅包子和牛奶组合的顾客才是你最优质的顾客。

按照顾客带给你的盈利性和忠诚度，你可以把顾客划分成四个群体（见下图）。

顾客按盈利性和忠诚度的划分

挚友当然是最好的顾客，他们忠诚度高而且能给你带来高额的利润，你应该和这些顾客保持良好的关系。但那些长期光顾你的早餐店的未必都是优质顾客，比如那些长期光顾但只买最便宜豆浆的顾客，科特勒称这种顾客为藤壶。藤壶是一种附着于海边岩石上的有着石灰质外壳的节肢动物，它们常形成密集的群落，也会固着在船体上，使船只的航行速度降低，对船只造成危害。这类顾客本身不会给你带来什么收益，而且还会浪费你招待其他顾客的时间和精力。

蝴蝶型顾客就是那种偶尔会进来买几个虾仁芹菜馅包子的顾客，他们会给你带来很好的盈利，但他们就像蝴蝶一样，很快就飞到其他花朵上去了。比如，对门开了一家长沙米粉店，他们就去吃米粉了。对这类顾客，你可以通过一些绑定的优惠活动等方法留住他们，使他们转化成挚友型顾客。

陌生人型顾客也属于没有必要花太多精力关注的顾客类型。比如一个顾客并不在这里居住或者办公，只是偶然来这里开会，进来买了一杯豆浆和一个包子，他就属于陌生人，因为他以后可能再也不会光临你的早餐店了。

客户关系并不是这本书要讲的重点，在这里我只是希望你能理解营销的本质，即首先是创造价值，其次是获得回报，最后还要注意维护与顾客的稳固关系。

说到这里，我再讲一个曾经很流行的营销故事。

有一天，一个梳子厂的市场经理给两个下属布置任务，要他们把梳子卖给临近山里寺庙的和尚。

第一个员工觉得和尚没有头发，当然不需要梳子，所以他压根儿就没去推销。

第二个员工来到寺庙卖梳子，和尚说不需要。那个人就说，庙里备些梳子开光之后卖给香客，香客买了之后天天用，时时会想起寺庙，还会向朋友推荐，那时寺庙香火会更旺。和尚觉得有道理，就买了1000把梳子。

据说早年某大厂请人给员工培训营销，那个讲师在台上就讲了这个案例，这个大厂的老板偶然听到这个内容，就把这个讲师赶走了。他说这不是真正的营销，这是骗术，心术不正。这个故事的真假暂且不说，在这里我想请你思考一下：这个故事和营销有没有关系？

不是完全没关系。这是营销渠道环节中的"个人推销"，个人推销是营销中很细分的一个部分，而不是营销的全部，甚至连局部都不算。这个故事考验的是推销员的思路和话术，其实和营销关系没那么大。

从第二个员工的表现来看，我们可以说他很有随机应变的能力，也有解决问题的思路，不过从营销的定义来思考，其实他提供给寺庙的价值并不是梳子本身的功能，而是一个"如何赚钱的解决方案"，这才是他推销出去的真正原因。所以不管他推销的是梳子、佛经抄本还是手串，本质上没区别。这个故事有很多逻辑漏洞，我们也没有必要去较真，我重新讲这个故事是想让你明白，什么才是顾客价值，怎么样才能创造顾客价值。

你可能会想，"营销"的定义我知道了好像对我也没什么帮助！当然不是，因为基本概念概括了最本质的东西，是那些投机取巧的小聪明无法替代的。

当你自己的公司经营遇到了一些问题，你只要回头想一下，你当初经营好的时候是为顾客提供了什么好的价值；今天遇到了问题，是不是你给顾客提供的价值消失或者降低了？当你迷茫的时候，或许一些基本概念就会让你猛然惊醒。一个企业遇到了问题，有许多时候，就是它为顾客创造的价值不够了，那企业的存在就会变成可有可无的事情了。

我听商超零售专家黄碧云讲过一个真实的经历，也是关于包子的。

她说她家门口有两家做包子的，以前她吃的那家包子皮薄馅大肉又多，所以经常光顾，这家店生意就比另一家好。后来猪肉涨价了，这家包子店的做法是虽然价格没有变，但把包子馅减少了，也就几乎没什么肉了，小拳头那么大的包子，肉馅比酒酿圆子都小。另外一家包子店则是另一种做法，肉还是放得一样多，但是涨价了。

结果反倒是那家涨价的包子店生意更好了，另一家包子店慢慢就没生意了。

如果包子店老板知道营销的这个基本概念，他就应该会想明白，顾客来他家吃包子究竟是为什么？难道是为了吃包子皮吗？自己家过去顾客盈门，是因为自己为顾客创造了什么价值呢？显然这个老板没想清楚，结果就犯了一个非常低级的错误。而顾客一旦养成了去另一家包子店就餐的习惯，再想拉回那些顾客可就难了。

扫码收藏本章金句

第二部分
关于产品

不要学会了空中翻跟头，

却忘了系安全绳。

笔记 6

营销永远跑不出 4P 的框架

许多人都知道 4P，问题是他们都过于轻视它了。

但凡学过市场营销的人都知道 4P，就像每个学过物理的人都知道牛顿的三大定律一样。

在营销这门学科中，4P 是一个非常重要的概念，但有意思的是，这么一个营销学必知的概念，却很少有人用它来做营销。这就像很多公司的企业文化和价值观，老板天天挂在嘴上，还用大字印到墙上，但是却从来不用、从来不执行，也不知道这种东西在企业经营中能有啥用处。

为什么会发生这种情况呢？我觉得其中有一个很重要的原因，就是 4P 这个概念听起来太简单了，简单到所有人都忽视了它的重要程度。

考虑到还是有许多读者不是市场营销的科班出身，我们就先说说 4P 这个概念。

20 世纪 60 年代以前，大学的营销教科书都是按照不同产品类型来规划全书结构的，比如先讲"快消品的市场营销"，再讲"工业品的市场营销""农产品的市场营销"，等等。

到 1964 年的时候，密歇根大学的杰罗姆·麦卡锡教授突然"灵感乍现"，他发现实际上所有行业产品的市场营销框架其实是一样的，就是由 product（产品）、price（定价）、place（渠道）、promotion（促销）这四个部分构成的，这就是后来鼎鼎大名的 4P 市场营销组合，而后来几乎所有的营销教科书都以 4P 结构展开讲解。这就是 4P 的由来。

严格来说，4P 既不是一个方法（因为你没办法直接用它去解决任何具体问题），也不是一个理论，它可以算是一个模型或者框架。那为什么 4P 还这么重要呢？因为在我看来，它有下面几个特点。

一是穷尽性。4P 穷尽了营销经营活动的各个方面，在任何行业、任何时代、任何条件下都适用，你只要按照这个框架去规划你的营销活动，肯定是"面面俱到"的。如果你要去分析竞争对手的营销策略，4P 也是一个完美的框架，你用这个框架抓出对手在 4P 的每个方面做的事和具体做法，很快就能找到对手的策略、优劣势等。

二是关联性。4P 这个框架的四个部分之间是互相配合、相互依托的，你只要设计出了产品，那么定价、渠道和促销也就都需要对应的设计。同样，你确定了你的定价，那么产品、渠道和促销也需要对应的设计。

比如喜茶，它的产品品质很好，那定价就必须要高一点，否则它没有足够的利润；它的销售渠道必须在一、二、三线城市，再下沉就卖不动了，因为这样的定价下沉不了；它的促销也同样需要适应它的定价和渠道；品牌调性的设计也要配合起来。

三是恒定性。在我们可以预见的时间内，4P 这个框架是不会过时的。不管技术怎么发展，不管渠道如何转变，不管购买行为如何变化，这个框架都极为稳定。比如，20 年前许多商品的主要渠道是超市，现在可以在电商、美团以及直播渠道销售，但这只是渠道的变化，并不能改变 4P 的基本结构。

所以，4P 从诞生到现在一直屹立不倒，它能用来分析任何时代出现的任何营销现象，也能指导任何时代、任何国家、任何企业的营销人进行营销规划。这么多年来，营销界看似发生了巨大的变化，却永远跑不出 4P 框架，100 年后、1000 年后也依然有效。

4P 框架不会给你一用就灵的技巧，但当你习惯用它来思考和审视营销问题的时候，你会发现像打开了天眼，一切营销新实践、营销新现象、营销新概念都可以在它的解释范围之内，而你也可以用这个框架来分析所有的营销活动，让你快速搞清楚营销的本质。

4P，是一个看起来普普通通的概念，一个被从事营销的人集体忽视的分析框架。因为 4P 非常非常重要，这本书的核心，我将与你探讨 4P 的前两个 P：产品和定价。另外两个 P——渠道和促销，我将在"营销笔记"的第二部中详细阐述。

产品是营销的基石

过于关注"推广"和"概念"而忽视真正的产品价值和用户体验，是新消费品的通病。

经营是企业生存的基础，而产品是营销的基础。

这有点违反大家平时对营销的认知。大部分关注营销的朋友，似乎很少关注"产品"，因为他们觉得产品是产品经理、研发或者公司层面的事情，而做营销只需要去关注广告、投放、活动、公关等就可以了。

我在前文已经说过，营销不只是我们日常谈论的推广和传播，而且包含了四个完整而独立的部分。产品就是 4P 的第一个 P。

产品就是我们为顾客创造的价值，我们要为这个产品确定一个合适的价格，通过营销让顾客了解这个产品，并促成顾客的购买，然后通过渠道向顾客交付这个产品。没有产品，就不会有营销。

当顾客使用或者体验了这个产品，就会对这个产品形成一个评价。如果这个产品特别好，他通常还会再次购买，我们就说这个顾客产生了复购。当然他也可能会推荐给自己的朋友，这就是顾客的传播和推荐。如果产品不够好，没有解决顾客的问题，或者使用体验不好，他就不会再购买这个产品，也不会向亲戚朋友推荐，甚至会极力阻止身边的朋友买这个产品，这就产生了负面影响。

如今，特别是对于线上的广告投放，商家通常会计算投资回报率（ROI），也就是计算一次广告的收入和费用的比值。比如你的广告投放1元，获得了3元的销售额，那我们就说这个广告的投资回报率是3。如果广告的投资回报率是1，那肯定就不赚钱。当然如果顾客的复购率很高，也可能会赚钱，这个我就不详细讲了。

小马宋公司之前有个客户是做原味瓜子的，叫三胖蛋。它的瓜子复购率就特别高，因为瓜子确实好吃，而且有非常高的产品壁垒，别的品牌想做也做不出来。这在食品领域很少见。其实三胖蛋的老板同时还是另一家种子公司的总经理，这家公司就是研究向日葵种子的。世界上最适合炒制原味瓜子的向日葵品种SH363就是这家公司研发培育出来的。因为控制了种子和种植环节，所以三胖蛋的瓜子就特别好，没人能和它竞争。

产品复购率很高，电商投放的投资回报率也很高，这种情况就应该闭着眼睛投。但要是换了别的品牌的瓜子就不一样了，因为它没有三胖蛋品质那么好，复购率就不会有那么高。

所以你说产品重要不重要？你努力推广，最后产品还能帮你一把，让顾客产生复购和口碑推荐，这简直是营销人梦寐以求的结果。

我说了这么多，你可能还会有疑问：我是负责市场营销的，我怎么能影响公司的产品呢？我难道要让公司改变产品吗？

确实如此，营销人的工作不仅仅是帮助公司把现有产品卖出去，还要搞清楚市场上顾客对产品的反馈，收集顾客的意见，进行市场调研，从而帮助公司或者产品部门改进工艺，研发设计出更有竞争力、对顾客更有价值的产品。

如果你的眼睛还只盯着推广、创意、投放这些事情，那你还算不上一个真正的营销从业者。

笔记 8

选择做什么产品，就决定了成为什么样的企业

产品是企业的基因和种子。大树的种子会长成大树，小草的种子最多会长成一棵很高的草。

2004 年，有一个年轻人还在北航读书，那一年他参加了第五届全球 GSM（全球移动通信系统）和 Java 智能卡应用开发大赛并拿到第一名，成为该项赛事历史上第一个获此奖项的中国人，并获得了 2.5 万欧元的奖金。

他当时创业选择了一个没有巨头的行业：心理测试软件。当然这个创业团队很厉害，技术也很强，做心理测试软件很快就做到了全国第一名。

这个故事听起来好像很美好，但心理测试软件这个行业不是一个好行业，它的客户需求量小，付费意愿低，所以做到行业第一也没什么用，到最后公司都经营不下去了。

后来，这个年轻人放弃了这个市场，转身去做游戏和杀毒软件，

赚了数十亿元。再后来，他创办了一家饮料公司，他的公司最著名的一个饮料品牌叫作元气森林，我说的这个年轻人就是唐彬森，他在2020年的快消品市场上是真正的风云人物。

市场上许多人惊叹元气森林用短短几年时间就做到了营业收入25亿元，可有意思的地方正在于此。其实对一家饮料企业来说，25亿元并不是一个很高的销售额。你要知道，2019年，可口可乐在中国的年销售收入是407亿元，农夫山泉在2020年的财报显示总营收228亿元，六个核桃年销售额早就过了100亿元，统一的一款单品阿萨姆奶茶一年的销售额就有40多亿元。中国年销售额超过百亿元的饮料企业其实很多，这么比起来，元气森林也不过是饮料市场的一个小弟。

可是该公司2021年销售额已达75亿元。所以，你应该明白我的意思，在一个烂市场里做第一，也不如在一个好市场里做第二十名、第三十名。

一个好的细分市场的首要条件是市场规模要大。尤其是当你想做一个大企业的时候，进入一个规模巨大的市场是必要条件。比如饮料行业（包括各种软饮料和水，不包括酒精类饮料）就是一个接近5000亿元规模的市场，市场体量足够大，所以你随便折腾一下就能做出10亿元的业绩。

进入什么市场，就意味着你要做什么类型的产品。做企业就像种树，产品就是种子，你选了红杉的种子，那就能长成参天大树；如果你选了一粒马尾草的种子，它长大之后最多就是一棵比较高的马尾草而已。在企业经营中，选择行业、选择产品，就是在选择企业的命运，因为不同的产品有不同的基因，基因就是企业的命根。

这就是这篇笔记我们要聊的话题：企业怎样才能做大？

当然这个问题有各种答案，我不会从创业者的个人能力、企业经营等角度来讲，而主要从客观因素的角度去分析。也就是说，我这里讲的是必要条件，而不是充分条件。

一个企业要做大，首先就是要进入一个规模巨大的市场。比如5000亿元规模的饮料市场，就需要好多百亿元收入级别的企业；中国的白酒市场也是一个5000亿元规模的市场（2016年是该行业的历史高峰，达到6000多亿元规模，但2017年、2018年持续下降，2019年由于高价白酒爆发，整体市场规模开始由降返升），茅台就有接近1000亿元的规模，五粮液有500多亿元的规模，过百亿元的企业也有很多。餐饮业的规模更大，2019年，中国餐饮收入规模占社会消费品零售总额的比重为11.3%，超过4万亿元，即使在餐饮行业品牌极度分散、品类众多的情况下，也有大量过百亿元规模的企业，比如海底捞2020年的营业收入是286亿元。在奶茶行业，2020年的喜茶、蜜雪冰城等企业的营收都超过了50亿元，我个人预计到2023年，中国国内至少会出现三家年收入过百亿元的奶茶企业。

这个道理其实很简单，水大鱼才大，家里的鱼缸再大也养不出鲸鱼，只有大海里才能出现鲸鱼。所以如果你想创办一个大公司，那首先就要进入一个规模足够大的市场。

企业要做大，还要看这个市场分不分散。

刚才我说，要想做一个大企业，必须在一个大市场里做。但这仅仅是一个必要条件，而不是充分条件。因为有时候你即使进入了一个体量很大的市场，好像也很难做大，这是为什么？很可能因为这个市场本身过于分散。

比如家庭装修市场，虽然不同统计口径有一定偏差，但总体上这个市场有两万亿元左右的规模。5000亿元规模的饮料市场可以出现多家百亿元级别的企业，但万亿元规模的装修行业，行业龙头的营收规模只有200亿～300亿元，而且巨头不多，大部分是小装修公司。相对于饮料市场来说，装修市场的市场集中度很低。

茶叶也是一个3000亿元规模的市场，但茶叶品牌也没有超过百亿元规模的，因为这也是一个相对分散的市场。有几千亿元规模的足疗行业也是如此，你很少发现一个全国性的足疗品牌。

为什么在这些大市场中出现不了大品牌、大公司呢？

原因有很多，根据迈克尔·波特《竞争战略》一书中的总结，大概有如下几个原因：

（1）总体进入壁垒不高。进入壁垒不高就意味着永远有大量竞争对手来抢夺业务。

（2）缺乏规模经济或者经验曲线。你在这个市场中存在时间长并没有为你积累竞争优势，老企业的经验没有太多价值。扩大规模并不能为企业提高竞争力，比如美国的龙虾捕捞行业，你有1艘捕捞船和100艘捕捞船，捕捞龙虾的成本几乎是一样的。

（3）运输成本。如果运输成本过高，企业即使能形成规模效应，也会限制企业将产品销售到全国各地，比如石头开采。

（4）存货成本很高或者销售波动很大。这两个因素会抵消规模效应带来的好处。比如电影行业的销售波动就很大，你也无法预测其销售量。

（5）某些重要的方面存在规模不经济的问题。比如广告行业，主要靠创意，但是规模大并不能保证创意质量就高，甚至人越多，平均创意质量就越低。

（6）顾客的需求过于分散，没有一个产品能满足所有顾客的需求。具有这一特征的行业最典型的是餐饮业，尤其是中国的餐饮行业。由于我国的传统和历史以及各地口味的差异，餐饮行业的产品种类太多，而且每个顾客在每个时间的需求也不同，这就导致没有任何一家企业能满足所有顾客、所有时间、所有情景下的需求，所以餐饮行业是品牌最多、业态最丰富、产品差别最大的一个行业。当然因为餐饮行业体量足够大，每个细分领域也能出现比较大的公司。

（7）新兴行业。一个新兴行业还处在激烈争夺和发展过程中，因而还没有形成行业的集中。

分散的市场虽然对立志做大的企业没有吸引力，但对新进入者却是福音。因为分散的市场没有巨头，允许许多家企业存在，进入门槛也就没那么高。高度集中的市场进入门槛就特别高，它对原有的企业很友好，但对新进入者却非常排斥。比如社交软件行业就是一个极度集中的市场，微信几乎一家独大，而且形成了极强的网络效应，任何号称比微信功能更强大的社交软件都无法打破这个壁垒。其他高度集中的行业还包括手机、电商、白色家电、移动通信等。

如果你打算进入一个市场规模很大但很分散的市场，你就要考虑究竟想做多大规模。如果想做大，那你首先要明白限制这个行业过于分散的根本原因是什么，你是不是具备解决这个问题的能力。如果你有能力解决这个问题，那你就可能成为这个行业的巨头。

究竟要进入一个什么样的行业，这是一道选择题。

因为高度集中的行业，巨头的地位非常稳固，原先的企业能够获得规模优势和行业经验壁垒，也恰恰是因为新进入者很难进入，才导致这类行业高度集中。这时候你要进入，就必须考虑自身条件，即你是否能找到一个与巨头对抗的立足点。这非常重要，否则盲目进入一个行业，最可能的结局就是以失败和亏损告终。比如饮料行业，看起来很美，但如果你不了解饮料行业的核心竞争要素，进去之后会伤得很痛。

在分散的市场中，新进入者确实很容易生存下去，可很快就会遇到天花板，即企业无论怎么努力都做不大。最差的行业就是市场体量小、行业集中度又高的行业，这是在进入一个行业前必须要考虑的问题。

从我个人角度看，餐饮是适合普通人创业的行业，当然它的成功率也不高。好是相对的，因为它的市场容量足够大，行业集中度却不高，虽然行业里有一些巨头，可是也有许多活得很好的小型品牌。它对新进入者很友好，因为它能很容易让你生存下来，对有雄心的创业者也很友好，让你有机会做到上百亿元甚至上千亿元的规模。

在这里，我还要重点提示一个导致行业无法集中的原因，那就是供应链。许多创业者，尤其是新进入者，常常会忽视供应链的问题，导致最后企业无法做大。

你可以先来思考一个问题：为什么麦当劳做牛肉？为什么肯德基做鸡肉？为什么华莱士做全鸡？

麦当劳在全球经营着超过38000家门店，肯德基在中国的门店数超过8000家，华莱士这个发源于中国福建的快餐汉堡品牌，在中国的门店数超过了18000家，而且还在快速发展中。华莱士也是百事可乐在中国的第二大销售渠道。这三个品牌都是西式快餐的巨头，这时你可以停下来思考一下我刚才的那个问题。

对于这个问题，不同角度可能会有不同的解释，但我想从供应链的角度讲一下为什么这三个品牌能够做大。

其实很简单，在麦当劳和肯德基创办的时代，牛肉和鸡肉是世界上供应量最稳定的肉类。麦当劳和肯德基分别做牛肉和鸡肉，在供应链上也不打架。那华莱士呢？它做全鸡，因为肯德基在鸡腿和鸡翅上的消耗量巨大，如果华莱士还是和肯德基一样做鸡腿和鸡翅，这就会导致原料供应出现问题。

供应的稳定，包括质量的稳定、价格的稳定以及供应量足够大且稳定。

从供应链这个角度出发，我们能解释许多行业、许多品牌的问题。

比如过去新鲜水果的供应链质量就不稳定，价格还总是波动，它就不是一个很好的供应链。所以我们看，商场里的杯装鲜榨果汁这个行业就没有出现过大品牌，但是奶茶行业就有许多大品牌，因为奶和茶的供应链就是相对稳定的。再比如书亦烧仙草这样的产品，其主要小料是烧仙草、珍珠、芋圆等，它就更加工业化、标准化，所以发展速度特别快。再来看奶茶行业的龙头老大，率先开店超过一万家的品牌蜜雪冰城，它的爆款产品是冰激凌。冰激凌这个产品就特别标准化，供应链也极其稳定，所以蜜雪冰城做到一万家是有道理的。

苏州有一家做杯装杨枝甘露的品牌叫 7 分甜，也是我们的客户，它做得还不错。杨枝甘露的核心原料是芒果，它为什么能做大呢？因为芒果是所有水果中储存稳定性最高、风味保持最佳的水果，它解决了保存和口感稳定性的问题。

餐饮行业里的小龙虾是个很好的产品，不仅味道刺激、有成瘾性，而且南北通吃。可是小龙虾的供应链不够稳定，所以发展了 20 年也没有出现一个很大的品牌。当然现在上游的供应链也在试图解决小龙虾养殖标准化的季节性供应问题。牛蛙产品最近几年很流行，现在也有人开始着手解决牛蛙的供应问题了。

随着农业和生物科学的发展，许多过去品质不稳定的产品，今天也开始变得标准化了。比如番茄，在新疆的种植基地，番茄可以做到几乎在同一天成熟，个头尺寸基本统一，这样就可以通过机械化收割生产，不仅解决了生产效率问题，番茄的品质和标准问题也都解决了。

所以你看，以人为核心供应链，产品无法工业化、标准化的行业，一般很难出现大公司、大品牌。比如新东方早年出了像罗永浩、李笑来、李丰等这样的名师，但是靠名师的业务模式不稳定，因为名师的供应是有限的。后来的学而思就不靠名师，主要靠课程的产品研发，老师只要按照课程来讲，教学效果就有保证，这极大地降低了老师在课程辅导这个产品中的重要性，所以学而思成长的速度很快。我们可以看到，新东方近几年已经很少出名师了，因为名师模式不够稳定，放弃了名师模式，新东方反而做得越来越大了（"双减"政策前）。

得到App早期的产品，清一色是年度专栏，但年度专栏的主理人供应量是有限的，他们极度稀缺。所以像爆款的薛兆丰、香帅、宁向东也就做了一年；刘润的"五分钟商学院"做了两年，后两年就是出商业专题课程；吴军的"硅谷来信"做了三季，中间还隔了两年；吴伯凡的专栏做了三季，分别是三个不同主题；只有万维钢的"精英日课"做了四季。目前看能够年更的专栏，大部分都是得到内部员工在做，比如"邵恒头条"、"蔡钰商业参考"、贾行家的"文化参考"、"罗辑思维"等。

不过得到是在不断进化的，比如得到高研院就是一个更加标准化的教学体系，它的课程研发就更体系化、标准化，对供应链的依赖度降低了很多。得到电子书的供应链几乎是无限的，"脱不花沟通训练营"也是一种更加标准化的产品，对供应链依赖度降低了很多。

与供应链几乎对等的一个问题，其实就是产品的标准化。我们可以简单地下个结论，就是**产品越标准化，企业就能做得越大**。

过去的餐厅极度依赖厨师的手艺，所以规模都很小，很难开连锁店。后来慢慢通过中央厨房的加工，逐渐去厨师化，才做得越来越大了。而中国餐饮品牌中的一哥海底捞，也得益于火锅这种更加标准化的产品形态，因为火锅不需要厨师，小料和锅底都是提前做好的，烹饪过程由顾客自己完成，几乎完全去除了厨师的影响。据说麦当劳对产品的要求是，每个产品的现场加工，员工应该能在5分钟内学会。

你也可以根据这个思路来想一想，为什么过去餐厅里很受欢迎的一道菜"拔丝红薯"，现在几乎没有了？

星巴克为什么是全世界最大的咖啡连锁品牌？那是因为星巴克能够保证在全球3万多家门店出品的咖啡品质几乎是一样的。星巴克并不是世界上最好喝的咖啡，甚至在许多咖啡文化浓郁的国家（比如意大利、澳大利亚）它是被嘲笑的对象，星巴克成为全球最大咖啡连锁品牌的一个很大的原因就是它解决了咖啡品质不稳定的问题。

如果你是个咖啡爱好者，你可能会理解，要想做出一亿杯味道几乎没有差别的咖啡其实是一件非常难的事情。水的温度、咖啡豆的稳定口味、烘焙的一致性、冲咖啡的时间、研磨、拉花等都会影响一杯咖啡的口味，可是星巴克能做出来。

全世界不同产区、不同年份生产的咖啡豆的味道是不一样的，你怎么保证每年、每个地区的咖啡豆是相同的口味？你怎么保证冲咖啡动作的一致性？星巴克解决了，所以它很伟大。那些嘲笑星巴克咖啡不好喝的咖啡爱好者，显然不了解商业的真相和经营的逻辑；那些觉得自己可以做出比星巴克口味更好咖啡的创业者也没有想过，当他们也能开一万家咖啡店的时候，是不是依然可以做出比星巴克口味更好、价格公道、品质稳定的咖啡。

如果你追求的是做那种小众的咖啡店，当然没有问题，但如果你想做一家遍布全球的大众咖啡连锁店，产品品质的稳定性和标准化是你一开始就应该考虑的问题。

当然，我刚才讲的都是基础条件，企业做大还需要很多条件，否则世界上的大企业、大品牌为什么那么少呢？

笔记 9

市场即选择，产品即细分

市场即选择，产品即细分。进入一个烂市场，就像把一个短跑冠军扔进烂泥地，再厉害他也跑不快。

选择一个产品，有时候也就意味着你将要进入一个细分市场，这一篇我们就来讨论一下，什么是好的细分市场。

美国排名第一的卡车公司是哪一家？你可能并不熟悉这家公司，它叫帕卡（Paccar）。

帕卡集团在长达几十年的时间内是美国最大的卡车公司（有一段时间，市场占有率第一的品牌是戴姆勒-克莱斯勒美国分公司，不过它是一家德国企业），其净资产收益率的平均水平是 16%，而同行业平均水平只有 12%。

更值得注意的是，卡车行业是一个周期性行业，客户需求会随着经济周期起伏不定，就像造船行业一样。同时，重型卡车这个行业增长缓慢，回报周期特别长，不是一个被投资者看好的行业，也就不会有人愿意投资这个行业进行竞争。

但就在这样一个需求起伏不定的行业里，帕卡的业绩依旧非常稳定，从 1939 年以来就没有亏损过，即使是 2008 年的全球金融危机，它也是盈利的。

帕卡是如何获得这么好的业绩的呢？这是由一系列互相配合的好的企业战略带来的，不过这个战略定位的前奏就是它对自己业务进行的市场细分。帕卡专注于高端重型卡车领域，并根据这个市场细分，在产品设计、研发投入、经销渠道、顾客研究等一系列经营活动上形成了互相配合、长期持续的优势。帕卡不制造轻型卡车，也不制造便宜的重型卡车，它只制造高端的重型卡车。

什么是高端的卡车呢？卡车可不是轿车，顾客购买家用轿车的目的和卡车很不一样。在美国，购买卡车的一般是车队的经营者，而开卡车的是司机，经营者不会为了展示自己的地位去买一辆高端的卡车，那怎么才能把自己的卡车卖得更贵呢？

答案是：提高卡车的质量。重型卡车的质量包括三个方面：卡车的性能、卡车的使用寿命和卡车的使用成本。比如一辆 2008 年款的肯沃斯 T2000 款重型卡车（帕卡集团的卡车品牌之一），如果一年行驶 10 万英里（约 16 万千米），那么加油、维护和保险费用大概也要 10 万美元，但这辆重型卡车售价也就大约 11 万美元而已。所以既然是高端卡车，就不仅仅要耐用，使用成本还要低。肯沃斯很早就开发出了基于空气动力学原理和配备有低阻力进气道的卡车，这就大大降低了卡车的耗油量。

帕卡也洞察到，卡车经营者为节省运营成本和提升卡车使用效率，通常会雇用两个司机轮流开车。帕卡非常注重对司机休息空间的设计，把卡车的外形设计成哈雷风格，这种风格更受美国卡车司机的喜爱，同时也会影响车队经营者的购买决策。

卡车质量这件事很不容易证明，除非经历长时间的考验。所以帕卡持之以恒，坚持做高质量、高性能的重型卡车，而且要做很多年才能看到回报。你的卡车在路上跑了20年，而且性能良好、质量稳定，基本不需要维修，这些不能靠口头承诺让车主相信，只有真的让自己的卡车上路跑了20年，才会获得这样的口碑。否则，有多少人愿意相信你，然后支付十几万美元呢？

在这里，我想再次提问：为什么帕卡会取得这么好的经营业绩？

也许你会说因为它进行了市场细分。

其实这是一个偷懒式回答，进行市场细分并不能保证获得卓越的经营业绩，因为很多定位在大众市场上的品牌也做得很好，比如可口可乐。进行市场细分只是企业的一个决策，而这个决策并不能保证你成功。那保证你成功的关键是什么？是企业针对这种市场细分、围绕这种市场细分采取的一系列特殊经营活动。正是因为这种互相配合的经营活动，才塑造了企业和品牌的竞争力，并形成竞争壁垒。

特别提请你注意的是，进行市场细分本身是不能带来任何优势的，就像你对你的品牌进行了一次定位也不能带来任何竞争优势一样，针对市场细分而做的各种经营活动（而且最好是独特的），才是你获得优势的原因。

比如帕卡，它不仅针对目标客户设计了更舒适、更符合卡车司机风格的卡车，而且对质量和性能数十年如一日的坚持让它获得了重型卡车行业中难得的口碑。这种口碑的获得是非常难的。另外，它的定价导致它有足够的利润投入进一步的技术研发中，这也让工程技术人员能安心工作，而不会为了机会频繁跳槽。

我们在最开始设计自己公司的业务时，往往会将市场"细分"，为什么要细分呢？因为你不可能做所有人的生意，也没机会做所有人的生意。

我们要看看哪个细分领域还有机会，然后就重点投入这个细分市场，这自然而然就产生了"目标市场"。之后，我们要长期聚焦这个目标市场，为它的顾客提供最合适的产品，在产品设计、品牌调性、营销推广等方面产生偏好和特色，这就进一步形成了"市场定位"。

市场细分（market segmenting）、目标市场（market targeting）和市场定位（market positioning）构成了每个公司营销战略的核心三要素（简称STP）。不过我觉得，这三个概念听起来实在让人犯糊涂，简单点说，就是因为你不可能做所有人的所有生意，那就必须选择一个细分市场去做，并且提供细分的产品，从而在这个细分市场上取得优势。

我再强调一下这里的重点：问题的关键不是进行市场细分，而是取得竞争优势。

怎样通过市场细分取得竞争优势？这里有两个关键：首先，你要进入一个好的细分市场；其次，你要进行战略定位（这里的战略定位并不是你通常理解的心智定位），并通过经营和设计在这个细分市场中获得优势。

市场细分并不是拍脑袋那么简单，你还要考虑市场细分后的四个判断指标，这些判断指标可以帮助你认识到，你所做的市场细分是不是有效。

这四个判断指标分别是：

1. 可识别性与可衡量性

即你定的这个细分市场能不能很容易地被识别和衡量。它必须有比较清晰的边界，而且能通过统计方法测试出这个细分市场的顾客规模、消费能力、消费规模等。

比如足力健老人鞋的细分市场就是 60 岁以上的老人，那这个市场是不是可识别、可衡量呢？的确如此，我们可以通过人口统计的方法界定这个市场，也能通过一些统计方法明确这个市场的顾客的消费能力和消费潜力，他们的消费特征也能比较容易地被描述出来。

再比如劳力士，它定位的细分市场是具有较高社会地位的有钱人，这个市场是相对容易衡量的。帕卡的细分市场也比较容易衡量。

又比如大学生、中学生、一线城市居民、高收入人群、喜欢健身的顾客、偏爱榴莲的顾客、政府雇员、程序员、穆斯林、素食崇尚者、开车人群、有痛经的人群等，都可以很容易地界定并统计出他们的消费规模等数据。

但如果你定位的细分市场是第二代北京人，这就是一个很难被识别、界定以及统计的市场。因为这群人的特征太不明显了，虽然可以通过他们的父母出生地来证明他们是不是第二代北京人，但这种识别不仅费时费力，也没有特别大的意义。

再比如我们的细分市场如果是那些正直善良的目标群体，这个细分市场不仅不能统计，连寻找和界定都非常困难。

2. 市场容量

你可能选择了一个很容易识别的细分市场，但还是要思考它的市场容量问题，因为市场容量决定了企业能做多大、增速有多快以及能走多远。

比如足力健老人鞋，2017 年的销售额才 5000 万元，2019 年就达到了 40 亿元。因为中国已经进入老龄化社会，夕阳经济是个巨大的市场，在这样的市场容量下，你随便切一块蛋糕就能有几十亿元。

再比如，婴幼儿市场目前的市场容量还是相当大的，而过去的婴幼儿市场没有被充分挖掘（例如，过去家里喂养孩子都是自己做饭，但现在越来越多的妈妈开始选择用各种品牌的辅食来喂养孩子），再加上现在中国家庭越来越注重孩子的身体健康和教育，所以婴幼儿市场有着巨大的消费力。

从另一个角度看，中国国内的出生率已经在快速下滑，甚至已经比出生率最低的日本都低了，婴幼儿整体的消费人群是在逐年下降的，而且他们的消费年限很短，如果从未来更长时间的角度看，这个细分市场存在一些问题。

几年前一个做标签机的人来咨询我。他们的产品主要针对那些日常生活中喜欢分类贴标签的人群，这是一个非常细分的市场，市场容量也很小，这家在业内最大的标签机企业也不过上亿元的规模。当然国与国不同，日本国民因为对归类和整理非常着迷，所以日本对标签机的需求就要大很多。

再举一个极端点的例子——中国的宇航员群体，这个群体其实很容易识别，但这个群体太小了。

3. 可接近性

如果你确定了细分市场，而且这个市场容量足够大，你还要考虑这个市场的可接近性，即面对这样一个市场，你是不是能通过渠道建设或者广告宣传触达这个群体。

比如军人这个细分市场，这个群体看起来极其细分也极易识别，而且军人的居住生活非常集中，那你能通过销售渠道触达军人吗？对这个群体来说，除了网络销售，线下渠道是比较难的。

如果你在20年前做同性恋这个细分市场，那这个市场也是极度难以接近，因为那时候网络不发达，中国绝大多数同性恋人群都是隐蔽的，你想找到他们太难了。但是今天这个市场就相对容易接近了，因为有专门的同性交友网站和社群。

再举一个例子。电商从业者这个群体本身就是一个很细分的市场，他们也有需求，比如对店铺运营的知识就有很大的需求，那么怎么才能找到他们并且向他们传播这些知识呢？比如，淘宝运营者一般都有淘宝的卖家版，如果你投放信息流或者其他广告，就可以直接识别那些手机中有淘宝卖家版 App 的用户并向他们投放广告，这就叫作具有可接近性。

如果你选择的是一个无法接近的细分市场，那这个生意就没法做了，因为你既没法向目标客户进行广告宣传，也无法找到渠道和他们进行交易。

4. 反应性

所谓反应性，就是要考虑这个细分市场对你推出的产品和宣传活动的反应。

许多年前曾出现过按照性别区分的饮料，但女性顾客对所谓的女性饮料没有明显的偏爱，这就说明这个细分市场的顾客对你的产品价值和宣传反应性不足，只能说在那个时代女性饮料不是一个好的细分市场。

曾经有个做国风鞋垫的品牌，他们的产品针对的是年轻人，问我怎么才能进行有效宣传。

其实这个就非常难，年轻人专门买鞋垫的本来就不多，而且对鞋垫的舒适性需求要大于审美需求，因为鞋垫是放在鞋里的，根本无法展示。你即使找到了那些喜欢国风的年轻人，他们会为这个产品掏钱吗？我感觉可能性很小。

当然，顾客的反应与你的产品价值以及宣传口径都有关系。我们之前做英国小皮的儿童常温酸奶，最初的宣传主打的是好食材、营养成分等，但妈妈们对此反应一般。后来销售员的推销口径统一变成"常温儿童酸奶对宝宝肚子好"，妈妈们对这个宣传就相当认可，这说明同一个产品的不同宣传重点会带来不同的反应。

如果产品本身对这个细分市场没有价值，那么顾客对营销推广也就反应冷淡了。比如前面说的家用标签机，可以帮助家庭主妇进行标签分类整理，但99%的家庭主妇对这个东西是没有需求的，这就是产品本身提供了目标市场不需要的价值。

几年前，我还遇到过一个创业者，他们公司是做家用自动塑料薄膜鞋套的，我认为他们定位的也是一个没有需求的市场。当时他们送给我一个样品，我放在家里半年后就扔掉了。

总而言之，我们要能容易地识别我们的目标顾客，要知道这个市场容量有多大，要知道如何找到他们，还要研究他们对我们营销活动的反应如何，这才算是做完了一个完整的市场细分动作。你现在可以拿你们的产品定位来试着分析一下。

笔记 10

细分市场案例——
茶叶市场与老白茶细分品类的经营

如果你不能改变一个市场的特性，那么不如顺从它、利用它。

2021 年，中国的饮料市场规模在 5000 亿元左右，而茶叶市场的规模则在 2200 亿元左右（各方数据不是很统一，总体来说在 2000 亿～3000 亿元）。

饮料市场规模只比茶叶规模大一倍，但你有没有发现，饮料行业中年销售额上百亿元规模的企业非常多。

茶叶市场呢？同样是一个几千亿元的市场，头部品牌体量都不是很大，也没有什么上市公司。因为没有正式财报，只能依据业内人士估算和新闻报道，年销售额超过 10 亿元的茶叶品牌寥寥无几。即使是号称年销售额 300 亿元（全球）的立顿，在中国销售额也没有那么大。我找了几个信息源，鲜有立顿在中国销售额的信息，不过有新闻称立顿一年在华销售超过 20 亿包，我感觉这个数据也是故意玩的文字游戏。在京东上，我看立顿红茶茶包的售价，125 包大概卖 60

元，也就是每包零售价不到 0.5 元。刚才所说的那些茶叶品牌的销售额，我们统计的还不是零售价，而是品牌的出厂价，也就是说，粗略估算，立顿在中国国内年销售额不超过 10 亿元。

像茶叶在中国的这种情况，在迈克尔·波特的《竞争战略》一书中，被称为分散市场。简单来说就是行业集中度低，头部品牌也占不了多少份额。我们通常用 CRn，也就是行业集中率来表示一个行业的集中度。这个指标指的是一个行业规模最大的前 n 家企业所占的市场份额。

市场分散，也就意味着这个市场中的品牌都不够强，我们通常把这种品类称为弱品类。

我们可以从消费者的角度去思考强势品类和弱势品类。

如果消费者想买一件产品时首先想到的是"我要买 ×× 品牌"，那这个品类通常就是一个强势品类。比如你要买一部手机，你通常在买之前就想好了要买什么品牌了。

如果你首先想到的是"我要去哪里买"，那这个品类通常就是一个弱势品类。比如你要买一条毛巾，你通常在买之前不会想到要买一个什么品牌，而是首先想到要去哪里买，比如是在家附近的超市买，还是在京东、淘宝上买。弱势品类通常会有强势的销售渠道。

茶叶就是比较典型的弱势品类。弱势品类通常很难创造强势品牌，这也是没有特别强的茶叶品牌的原因。

当然弱势品类也并非恒定不变的，有时候弱势品类会因为消费者消费观念的改变、时代的改变、技术的改变等因素产生变化。

经常有人拿中国茶叶品牌与立顿比较，觉得这是我们这个茶叶大国的耻辱。其实这是由不同国家消费者的消费习惯和观念决定的，并不是中国的茶叶品牌不争气。你甚至可以从另一个角度考虑问题：中国的茶叶品牌可以卖到5000元甚至1万元一斤，这是0.5元一包的立顿红茶完全无法企及的。

国外消费者喝茶没那么讲究，而中国的茶文化源远流长、种类繁多，消费者不可能只喜欢一包立顿红茶。中国茶叶在烘炒方法、茶叶品类、保存时间等方面有众多细分，光茶叶品种就有300多种，你熟悉的西湖龙井、碧螺春、铁观音、黄山毛峰、普洱、大红袍、太平猴魁等都是，还有普通消费者不太熟悉的半天腰、金紫笋等品类，即使大品类也有红茶、绿茶、黄茶、白茶、黑茶等这样的划分。

消费者的消费习惯、口味偏好迥异，这就让标准化生产非常难，而标准化是一个品牌大规模生产的前提。

茶叶种类众多，口味差异非常大，氨基酸、茶多酚、醇类物质等成分的差异造成了不同茶叶的不同口感。消费者有各自的喜好，并不能说绿茶就一定比红茶口味好，白茶就一定比红茶口味好。就像北方人喜欢吃面，南方人喜欢吃米粉，你是没办法比较面和粉哪个更好的。

典型的茶叶消费者通常有多年的品茶经验，有自己独特的个人口味偏好，也有自己熟悉的购买渠道。他可能会和县城里某个茶老板很熟，也相信这个老板不会骗他，他如果想要买一包明前茶，这个老板也许会给他推荐竹叶青的峨眉高山绿茶，也许会通过私人渠道拿到从某个茶农那里直接购买的明前龙井。所以，就这个消费者来说，他买竹叶青、八马、华祥苑，哪个品牌不重要，他买茶商的私家藏品还是茶农的自家制作也不重要，重要的是这个老板是他信任的人，他通常就在这个老板的店里买。逢年过节，他还可能和这个老板买茶叶礼盒，也有可能买一些可以存在家里的古树普洱或者十年老白茶。

这个消费者买茶叶的途径，就是中国茶叶消费的一个典型特征。他买茶叶通常不看品牌，他有自己的口味偏好，他看重渠道，而这个渠道通常是他信任的。

　　所以在中国市场上，茶叶品牌要想扩大经营，核心是要获得每个地方的经销渠道，也就是当地那些经营多年、拥有众多销售途径的茶叶店老板。这些茶叶店老板开一个茶庄，自然客流并不是他获客的核心方式。他的客源是基于多年经营积累下的各种老客户和资源关系，老客户信任他，买什么都会从他这里买。他还有一些企业类的资源关系，这些客源在逢年过节可以直接从他这里采购员工福利或者客户礼品，这也是他最重要的营销资源。

　　从4P角度看，茶叶营销中的渠道非常关键，有了各种经销渠道，才可能把茶叶卖出去。当然也有一些茶叶品牌是依靠自建渠道经营，也有一些品牌两者兼有。

　　消费者不会指名购买，那茶叶品牌怎么经营才能更有效率？

　　有一个叫御茶园的茶叶品牌，它的经营逻辑就是顺应茶行业的特点和消费者的行为特征制定相应的经营活动，获得了更高的回报。

　　我们刚才说过茶行业的消费特点。典型的茶叶消费者通常会认定固有的渠道和个人，每一个茶叶店老板都形成了一种极其传统的"私域流量"，他们掌握着大部分的渠道流量。因为这些茶叶店老板并不依赖茶叶品牌，所以茶叶品牌开发这些茶叶店老板的渠道能力是有限的，也就很难扩大规模。

　　在这种情况下，品牌只有三种选择。一种是努力找到新的渠道，比如线上；或者自己做私域流量，但目前各个品牌的探索并不是很成功。另一种是努力拓展传统渠道，正如前文所述，这个也很难，似乎有个极限值。还有一种，就是干脆认命。

御茶园就是在第三种情况下，想办法扩大业务量。

尽管知道传统茶叶的拓展渠道有限，但御茶园还是和同行一样，努力拓展传统渠道。既然他们知道这种方法有上限，所以就努力在能扩展的渠道范围内让消费者"消费更多"，也就是提高单个消费者的终生价值。

数量上不去，那是不是可以提高单价呢？答案是可以。

御茶园很早就认准了只做那些价值相对较高且能保值升值的老白茶。绿茶不好做，因为绿茶保质期只有一年，囤了货卖不出去货值就会归零。但老白茶越放越贵，不怕库存，单价还高，这就提升了每个客户的客单价和终生价值。

所谓消费者的终生价值，就是这个消费者一辈子会在这个品牌上消费多少钱。终生价值取决于商品的单价和终生消费量。比如可口可乐，虽然单瓶价格低，但是顾客可能每天一瓶且喝一辈子，消费数量巨大。再比如瓷砖产品，消费者可能一生只买一次，但是单次消费价格非常高，一般在几万元到几十万元。

消费者不仅要买茶，还需要茶具，所以御茶园不仅开发茶叶，还开发各种茶具，比如它和汝窑合作定制研发的各种茶器，一只小小的建盏杯就要几千元，还有其他各种各样的煮茶器具。

资深茶客都拥有比较稳定的需求、口味偏好和欣赏趣味，对茶叶、茶器以及送礼的茶品都有持续的需求，御茶园就是做这种资深茶客的生意。御茶园不是做宽泛的经营，而是深入一个顾客群体，提供他们需要的、高级的产品。

商业经营总有边界。在承认有边界的情况下，你也可以选择在一个范围内做得更好、更精、更高。

国内近几年确实有不少在茶叶领域探索的新品牌，但它们的思路其实是想"改造"或者"颠覆"茶叶行业的局限，当然成功了确实很好，可是失败的概率也极高。因为这么多年积累下的行业问题以及固有的消费者习惯，很难在短时间内改变。

那么，顺应消费者的习惯和这个行业的特殊条件，像御茶园这样的经营思路，未尝不是一个好的方向。

笔记 11

为顾客创造价值是产品的本质

把一个烂产品卖出好价格只是一种推销术，甚至是骗术，在我的营销世界观中不存在这样的想法。没有好产品，我也不懂得怎么营销。

只要进行商业活动就需要有产品，如果没有产品，你的商业活动就无从谈起。因为商业活动的本质是交易，交易就要有交易物，这个交易物就是你的产品。

你可能会想，有些做生意的人并没有产品，比如我的老家山东省青州市黄楼镇是江北著名的花卉之乡，以前信息不发达的时候，当地许多人做花卉经纪人，他们的主要工作是把买花的客户和卖花的花农撮合起来，赚取中介费。

他们有产品吗？当然有，这种花卉经纪人的产品就是"信息中介服务"，这本质上与链家的房产中介提供的是同一种服务。如果没有这种经纪人，买方和卖方都要花大量时间和精力去寻找合适的交易对象。他们提供的是一种服务，本质上也是产品。

所以产品其实是一个广义的概念，凡是可以为顾客创造价值的、满足顾客需求并可以进行交易和消费的东西都可以叫作产品。一辆汽车、一瓶饮料、一本书、一部手机是产品，理发店为你提供的理发服务，营销公司提供的咨询服务，动物园提供的游乐服务，电信公司提供的通信服务等也都算产品，甚至QQ、微信、抖音、游戏等也算一种产品。还有一种独特的产品，那就是观念和思想，比如世界自然基金会（简称WWF）做大量的传播来推销其"保护野生动物"的思想和观念。当然，大量的非营利性组织都有属于自己的观念要推销。

既然要做营销，你首先就要有一个"产品"可以卖，那么你要卖的这个产品本质是什么呢？你卖的其实是顾客的需求。当顾客有某种需求而且无法免费获得的时候，你提供的产品才会有价值。比如顾客有呼吸的需求，但空气是免费的，他可以免费获得，你就没办法通过提供普通空气来满足顾客的需求，你也无法以此来营利。

但是，顾客的需求可能会提升，比如有雾霾的时候，他想呼吸干净一些的空气，你就可以提供空气净化器、室内新风系统、防雾霾口罩，这些产品都可以满足顾客的需求。你也可以想想，除了这几种产品，还有什么能满足顾客"呼吸干净空气"的需求？比如，你可以向他推销海南的房子，也可以提供中短期的海外居住服务，还有可能提供每周末从北京接送顾客到三亚度假的服务，等等。

所以，即使是同样的需求，也可以用不同的产品来满足，你一定要深刻理解顾客需求的本质，才能设计出更好地满足顾客需求的产品。

比如顾客买方便面，他真正的需求其实不是要吃一包泡面，而是用一种简单快捷的方式解决一顿饭。方便面是一种解决方案，速冻饺子是一种解决方案，外卖其实也是一种解决方案。所以在外卖兴起后，我们国家的方便面市场规模就开始萎缩了。你越是能深刻理解顾客的需求，就越能够设计出更好地满足顾客的产品，你的产品就越有竞争力，卖得越多。

当然，需求也是有不同层次的。如果人只需要活着就行，那我们连衣服都不需要穿，每天吃一点粮食就足够了，但实际情况不是这样，即使吃饭这样一个基本需求，顾客也有许多要求。

比如一个山东人，他为了维持生存需要吃饭，但在米粉和大饼之间，他可能更倾向选择大饼，因为大饼更符合他的口味，即使米粉和大饼都能提供生存需要的热量。所以，只要稍微有一些经济基础，顾客都会考虑更高的需求。如果顾客有了一定的经济实力，他就不会只考虑米粉和大饼的事，还会考虑好不好吃、有没有营养、环境怎么样、距离近不近、服务好不好、价位与自己身份是不是符合等多种因素，他的需求层次就会逐渐提升，从基本生存需求过渡到舒适、安全、身份和社会认同的层次上去。你可能也看出来了，这其实就是马斯洛的需求层次理论。马斯洛的需求层次理论认为，人的需求从低到高依次分为生理需求、安全需求、社交需求、尊重需求和自我实现的需求。

凯文·莱恩·凯勒教授的《战略品牌管理》一书就提出了消费者需求的主要类型，我借用这个分析结构讲一下。

一是功能性需求。功能性需求是最底层的需求，是顾客购买商品的最基本动机，比如生理需求和安全方面的需求。我们说产品的基本功能，往往就是满足这种需求的。比如洗发水，它的基本功能就是去除头皮屑和油脂，使头发与头皮保持清洁和健康，给头发提供滋养和保护。

二是体验性需求。产品的体验性需求是满足感官的享受或者心理、情感的愉悦。比如，洗发水的体验性价值一般包括它的香味、泡沫以及产品带来的清洁后效果。我们曾经给客户（立白集团的母婴用品品牌婴元素）做过一款儿童慕斯沐浴露，它有个很好玩的特点，就是小孩在洗澡的时候，可以把慕斯沐浴露先挤出来，像橡皮泥一样玩"堆雪人"的游戏，因为这个慕斯沐浴露是可塑形的。小孩一般不喜欢洗澡，这种体验性的功能能让他们爱上洗澡。

还有一种体验性需求是心理和情感的需求。产品的情感属性是指客户因为从产品中获取正面感觉而获得的衍生价值。洗泡泡浴时的新奇和舒适，安静的咖啡店中独自阅读的宁静体验，观看长隆大马戏表演时的兴奋和新奇感，密室逃脱中的恐怖和智力体验，入住丽思·卡尔顿酒店时的愉悦和安心，驾驶哈雷摩托时那种原始野性的释放，在《和平精英》游戏中感受到的紧张刺激与击毙对手的快感，在采耳店采耳时享受到的放松与惬意，都是顾客获得的一种情感上的好处。产品或服务如果能设计出一种激发客户情绪的东西，那顾客的支付意愿就会显著提升。

三是象征性需求。象征性价值用于满足消费者的内心或者精神层面的需求，如自我满足、角色地位、成员资格、社会认同或者自我识别等。消费者会对品牌的威望、排他性和时尚赋予价值，因为它和消费者的自我概念具有关联。还是用洗发水来举例，假设一个洗发水品牌叫"巴黎"，它一直在宣扬这个品牌是为世界上最有魅力的女性设计的，而它在日常宣传中选用的代言人都是著名的、极具魅力的女星，某些社会知名女性也在公开场合说自己会使用这个品牌的洗发水。通过这种宣传活动和实际表现，整个社会会形成一种观念：那些最有魅力的女性都使用这个品牌的洗发水。当这种观念形成之后，那些认为自己属于"极具魅力"或者希望自己"极具魅力"的女性用户，就会倾向于使用"巴黎"牌洗发水。她们也更容易在社交网络或者朋友中宣称使用的是"巴黎"洗发水，而且还会向朋友介绍和推荐这款洗发水。

其实从功能角度看，其他品牌可以做出与"巴黎"一模一样的洗发水，但因为全社会形成了这样一种共识，"巴黎"洗发水就具备了一种象征性价值，这也是使用"巴黎"洗发水顾客的一种独特需求。

1920年，著名的福特T型汽车销量大增，但T型车几乎是一模一样的。大众消费市场开始出现疲软趋向，加上交通道路的全面改善，消费者开始被"精英路线"吸引。人们已经不满足于T型车基本的出行功能和可靠性（安全出行、平安回家），他们开始渴望高性能的汽车给出行带来的轻松、舒适和快乐，希望体验汽车能够做到的一切，至少有一种像骑在马上那样的自豪与愉悦。当时的《财富》杂志认为，"T型车是不错，但它根本不能满足人们拥有汽车的自豪感"。

这意味着当时的汽车消费者不再满足于基本的功能性需求，而开始追求体验性需求（轻松、舒适、空间大）以及象征性需求（自豪感、等级和地位）。

一个品牌的产品，究竟能象征什么？

这种象征性有可能是品牌刻意塑造的，比如戴比尔斯就通过广告和宣传让钻石成为忠贞爱情的象征；也有可能是社会形成的一种集体认同，比如茅台酒，它让全社会产生了极其统一的社会认同，认为茅台就是中国最高端的白酒。

我想提醒一下，从企业视角出发和从顾客视角出发看待产品是非常不同的。

对企业来说，设计产品就是设计功能，设计给顾客提供的利益，但从顾客角度看，产品就是在满足自己的需求。有些顾客的需求一看即知，比如那些简单的功能性需求；有些顾客的需求则隐秘得多，比如体验性和象征性需求，有时候你甚至都搞不明白顾客需要什么样的体验和象征。

为什么有些产品你也说不出它究竟好在哪里，但就是让你用着特别舒服，而有些产品看起来不错，用起来却总是有点别扭？下一篇笔记，我和你聊聊产品设计的话题。

笔记 12

用户需求是商业的起点

我们并不是在给自己开发产品，而是在为顾客开发产品，你不能用自己的想法绑架顾客。

如果让你设计一把儿童牙刷，需要非常适合儿童使用。和成人牙刷相比，你想到的第一个不同特点是什么？

IDEO 是一家全球创新设计公司，他们非常善于根据真实情境进行设计，北京的华润凤凰汇购物中心就是他们参与设计改造的成果。

IDEO 曾经帮某家公司重新设计了一款儿童牙刷，这就是我刚才问你的问题。我相信你和其他人直观的想法一样，因为儿童的手比较小，那儿童牙刷也应该做得比大人的牙刷小一些才对。这是一个很正常的思考逻辑，但问题是，你不是小孩儿，你可能早就忘记小时候是怎么刷牙的了。

IDEO 的设计人员没有采用这种直观的想法，他们的做法是直接到顾客家里去观察孩子都是怎么刷牙的。通过实地观察，IDEO 的设计人员发现原来孩子刷牙和大人特别不一样。成年人通常是用几个手指拿着牙刷刷牙，但孩子们的手指力量不够，也没有大人的手指那么灵活，他们刷牙的时候，是用整个手掌握住牙刷柄去刷牙。

有了这个发现，IDEO 的设计人员就获得了顾客的真实需求，他们设计的儿童牙刷的手柄比大人的牙刷反倒更大更厚一些，这个设计看起来有点反直觉。

IDEO 设计公司还曾经帮客户重新设计过一个病房。当然，他们的设计同样出人意料却在情理之中，因为他们经过对住院病人的观察之后，决定重点对病房的天花板进行装修设计。

听完这两个案例，你是不是对顾客需求这个概念有一点不同的认知了？

每当我和别人讲产品设计其实就是满足顾客需求的时候，我相信 99% 的人认为自己听懂了，但在真正洞察顾客需求的时候，他们却犯了一个又一个看起来极其低级的错误。奇怪的是，他们并不是不聪明，甚至在过去取得过很大的成就，但在做产品设计时却依然会犯一些低级错误。

为什么会发生这种情况呢？心理学上有个名词叫作"孕妇效应"，简单来说，就是当你怀孕或者家里有人怀孕的时候，你会看到大街上到处都是孕妇。还有一个类似的效应叫作"观察者偏差"，就是人们如果对某件事有一个预设的判断，那么他就倾向于认为世界或者别人就是这样的，他对许多反面的证据也会熟视无睹。孕妇效应会让我们觉得别人和自己的行为习惯是一样的，而观察者偏差又会导致我们强化这种认识，并且会找到许多证据来证明自己是对的，结果就是我们在错误的路上越走越远。

比如过去 20 年来（本书的写作日期是 2021 年），我就不断听身边朋友说想开一家咖啡店，他们有一个共同的特点：都很喜欢喝咖啡。由于孕妇效应，这些人会觉得中国有很多人喜欢喝咖啡；由于观察者偏差，他们会找到各种证据证明确实有许多人喜欢喝咖啡。但过去20年来，我见过朋友开的咖啡店一个一个都倒闭了，因为国内喝咖啡的人数其实并没有那么多。

所以当需要洞察顾客需求的时候，要以客观的数据、实际的观察和事实为准，任何猜测和理论都需要事实的检验。当事实与理论和预测违背的时候，当然是事实最重要，比如小孩子的牙刷设计。

我这里说的事实，不仅仅是用来验证你设计产品的理念，即使是在顾客中做调研，也应该以客观事实为基础。所以顾客的行为大于顾客的回答，因为顾客的表达本身也可能会骗人。如果你问一个顾客："你会不会喜欢更健康的食物？"几乎每个人都会回答他们喜欢更健康的食物，但是当你邀请他们来吃一顿自助餐的时候，你会发现大部分人更喜欢拿油炸食品、甜点、饮料、冰激凌等食物，蔬菜沙拉被拿到的概率很小。

顾客认为应该吃健康食品，但顾客更喜欢好吃的食品，这才是顾客的真实需求。在发掘顾客需求的路上，每个品牌都有很长的路要走。

我们在思考顾客需求的时候，需要考虑两件事：一个是顾客需求的层次，另一个是顾客满足需求的过程。

顾客的需求层次，对应了前面我们讲的产品的几种价值，即功能性价值、体验性价值和象征性价值。

比如顾客去一个理发店，最基本的需求就是理发，但是这家店的发型设计水平、服务体验、环境舒适度、意外惊喜等就是体验性需求。如果这家理发店是全城最著名的理发店，有最知名的发型师，那么来这里做头发还能获得一种身份和地位的象征。就像钓鱼台国宾馆或者米其林三星餐厅一样，在这些地方吃饭还有一种内心欲望的满足、身份象征的需求。

功能性需求可以通过产品设计来完成，体验性需求，也可以通过关注顾客使用中的感官体验、心理体验、情绪体验来进行设计，这都是相对好解决的问题。但象征性需求，本质上不能完全靠独立的设计完成。因为具有象征性（身份、阶层、品位等），它的基础是来自社会的认同和共识，只有形成共识，才具有象征性。

而社会认同和共识的形成，就有许多不可控或者不可复制的因素。比如茅台的历史和社会地位，路易威登为法国皇室和贵族提供的服务，百达翡丽的历史和地位，这些都是很难复制的。品牌只有经过自身努力和漫长的时间沉淀，才有可能形成一种社会认同。

还有一个需要关注的是顾客满足需求的过程。顾客的需求看起来是一个需求，本质上则是一系列的事件。

比如顾客想要一个燃气灶煮饭烧菜，这是一个很具体的需求。但要想满足这个需求，就会发生购买、送货、收货、安装、长时间使用、售后维修、更换电池等一系列事件。在这一系列事件中，你如何让顾客的感受更好、更方便、更舒适，就不仅仅是煮饭烧菜这一个需求了。

比如购买，大体有两种渠道，即线上和线下。线上的展示，能不能让顾客更容易了解燃气灶的最主要特点；线下店，你的销售网点是不是足够方便。再比如使用体验，燃气灶的使用会遇到一系列问题，例如是否容易打火；电池更换是否方便；如果忘记关燃气灶，会不会有干烧自动报警和断气功能；灶台火焰大小调节是不是更科学；有没有防煤气泄漏功能；灶台设计是不是现代化；灶台台面是否方便清洁；售后服务电话能不能顺利打通，服务人员态度怎么样；维修是否便捷；等等。

可以说，围绕着烧菜煮饭这个需求，会延伸出一系列的使用体验问题。品牌只有在这一系列事件中设计更好的体验，才能让客户更认同你的产品，也能自愿成为产品再传播的推销员。

所以，产品就是营销的根基。

用户使用中的体验，来自我们对用户使用环境和场景的洞察。产品设计者只有从用户的视角去观察用户，才能让用户在满足需求过程的一系列事件中都产生美好的体验。

说到用户的使用体验，其实中国的大部分软件和应用的用户体验在全世界是领先的。你可以对比一下亚马逊和京东、淘宝的购物体验，亚马逊的详情页展示、购买流程还是挺让人崩溃的。有一次，我们公司的合伙人和我说，他的 Office 办公软件到期了，他想在微软官网续费，结果用了一个小时都没有搞懂怎么付费，然后他决定放弃，下载了免费的金山 WPS 办公软件。微软的 Office 使用体验确实好，但是付费体验至少在中国是比想象中复杂太多了，复杂到让顾客放弃了支付和使用。

QQ 早期是模仿国外的即时通信软件 ICQ。ICQ 是一款用户之间可以互相聊天、发送文字信息以及文件的软件。当时在互联网的"通信"方式上，ICQ 可以说是巨大的创新，因为早期的互联网用户要想互相联系只能通过 BBS（网络论坛）和邮件。ICQ 这种能随时发送消息的软件一出来，用户的使用体验是有巨大提升的。

QQ 最早就叫 OICQ，但是马化腾在做这款软件的时候，进行了几个重要的小创新，而这几个创新，让当时的用户体验得到了极大提升。

我刚才说，用户的需求不是瞬间的，而是过程中发生的一系列事件。那当时的 QQ 用户使用 QQ 时，会发生什么事件呢？

今天的读者可能想象不到，在 1998 年的中国，个人计算机普及率非常低，全国只有几百万网民，绝大部分人都是去网吧上网的。ICQ 是把用户聊天内容和好友名单都存在用户电脑中，中国用户需要不断切换电脑上线，如果在一台新的电脑上线 QQ，那过去的聊天记录和好友列表就会消失。这个事件就发生在用户的使用过程中，体验非常糟糕。当时其他在国内做同类即时通信软件的公司并没有意识到这个使用体验问题，但马化腾的团队发现了。

腾讯把聊天内容和好友列表做成在线存储，就解决了这个问题。解决这个问题的技术难度并不大，但对用户使用体验的改善却非常显著。

彼时中国的网络速度也非常慢，许多带宽网速是以 KB（千字节）来计算，当时一个 3~5MB（兆字节）大小的应用（相当于目前普通手机一张照片的大小），下载就需要几十分钟。下载并安装完一个通信软件，这里聊完再换到别的电脑上聊，还要重新下载，这个下载体验让用户非常难受。下载，也是满足用户需求过程中的一个事件。

当时的腾讯团队把整个 QQ 软件的大小控制到了 22KB，用户下载时间从几十分钟缩短到 5 分钟，整个体验相对其他通信软件来说是一个数量级的改变。

你看，一个 QQ 聊天软件，虽然满足的是用户在线即时聊天的需求，但整个需求的满足产生了一系列事件。比如 QQ 软件需要考虑用户下载、注册、取名、聊天记录保存和删除、加好友、好友分类、删除软件、传输文件、切换用户登录等一系列事件，每一个事件都要处理好用户体验，哪个环节出了问题，都会严重影响用户需求的满足和体验。

顾客买一把电动剃须刀，本质的需求是要剃胡须，所以当你设计电动剃须刀的时候，首先要让顾客能把胡子刮干净，这是顾客的本质需求。可是顾客在使用电动剃须刀刮胡子的时候，电池经常会没电，而临时买一节电池又很麻烦，这就是"需求满足过程中的一个事件发生了"。对这个事件，你有几种解决方案，比如你可以设计一个电量提醒，让顾客在没电之前做好准备；你也可以把剃须刀设计成充电式的，这样顾客在剃须刀没电的时候就不用出去买电池，而是直接充电就好了；你还可以使用更耐用的充电电池，这样顾客充一次电的使用时间就增加了。

顾客刮完胡子后清洁剃须刀也很不方便，所以你要设计一个清洁剃须刀的工具附赠给顾客。当然还有另一种方法，就是设计一款防水的剃须刀，这样顾客就可以直接用流动水清洁剃须刀了，而且还解决了顾客洗澡的时候想刮胡子的问题。

最近我购买了一个叫"有色"的迷你电动剃须刀。除了外观设计比较炫酷，它还洞察到了用户使用中的一个痛点。用户在清洁剃须刀的时候，需要把剃须刀的刀头卸下来，我见到的旋转式刀头，卸下来基本上都是七零八落的，再装回去很麻烦。有色的这款剃须刀，通过磁铁吸附的刀头以及工业结构的设计，让刀头装卸模块化，简单方便了很多。另外它的体积非常小，大概仅有一个芝宝（Zippo）打火机那么大，非常方便出差携带。当然它也有一定的缺点，主要是动力不太够，如果胡子太过茂密粗硬，用起来就不那么好了。

香港有一种老牌的治疗跌打损伤的药油——虎油。虎油治疗跌打损伤效果很不错，但销量却一直不温不火。虎油确实能满足顾客的一个需求——治疗跌打损伤，但很多顾客即使有跌打损伤也不会去用虎油，这是怎么回事呢？

因为顾客在使用过程中的一些细节让顾客放弃了虎油。

虎油是液体，你要是使用这种液体的跌打损伤油，必须使用棉球才能控制用量，否则就会流得到处都是，沾到衣服上还很难清洗。而且虎油的味道还很难闻，年轻的女性顾客即使有一点伤痛，也不愿意涂抹虎油。

另外，香港的游客非常多，虎油算是香港的土特产之一，外地游客很想带这种药回家，飞机上却禁止携带这种有味道的药物。游客要把虎油带到远方，就需要乘坐飞机，但原来的虎油不能解决这个问题。

香港的虎油生产商对这些问题毫不在意，虎油的销量也就长时间停滞不前。于是，另一家日本公司就此发现了一个商机，这家公司开发了一款软膏式的虎油。它的形态像牙膏一样，使用时只要取一点膏体涂抹在损伤部位即可，不用再担心药油弄得到处都是。而且固态药膏的挥发性比液体低很多，气味也就弱很多，所以能带上飞机，女性也不介意使用这种治疗跌打损伤的药膏了。这种虎油药膏推出之后，市场销量比原来的虎油多了很多倍。

我为什么不厌其烦地讲用户需求呢？因为它太重要了。用户需求是商业的起点，有了需求，才会有产品；有了产品，才会产生交易；有了交易，才会有商业；有了商业，才会有营销。需求是产品的本质，而产品是一切营销的起点。接下来，我们会继续讨论用户需求这个话题。

笔记 13

焦糖布丁理论与用户的真实需求

顾客并不是想拥有一件商品，他们只是想让这件商品帮他们完成一个任务。

顾客购买一件商品的时候，他究竟想要的是什么？

表面上看，他就是想得到这件商品，比如当他买了一辆劳斯莱斯或者一块劳力士腕表的时候，他确实是想拥有一辆劳斯莱斯和一块劳力士。但如果一个顾客买了一包纸尿裤，他真的是想拥有一包纸尿裤吗？

这里就涉及一个概念：顾客购买一件商品的目的。其实顾客购买一件商品，本质上是想让这件商品帮他完成一项任务，而不是为了拥有这件商品。

纸尿裤我们很容易理解，顾客使用纸尿裤就是为了完成照顾小孩子排泄的任务。但对劳力士来说，难道顾客不是想拥有一块劳力士吗？本质上，这也是一项任务。当然每个人购买劳力士的出发点可能不太一样，有的顾客购买劳力士确实是想随时知道时间，而有些顾客则是为了传达一个信号，彰显他的个人身份，还有些顾客要完成的任务是达成圈子的认同。

所以，顾客购买一件商品其实是"顾客在雇用一个商品来完成他的任务"，要想销售商品，你就要对顾客需要完成的任务认真研究。

克莱顿·克里斯坦森被誉为"创新之父"，他的《创新者的窘境》被列入"20世纪最具影响力的20本商业图书"之一。这本书的核心理论就是颠覆式创新理论，在书中，克里斯坦森提出了一个问题：在新一代产品创新的交界点上，为什么强大的企业在与新兴企业的竞争中更容易失败？克里斯坦森后来强调，在创新这件事上，不管是大企业还是新兴企业，其实成功率都不高，因为在产品创新这件事上几乎没有靠谱的方法论，大家只能尽量推进，然后把成功交给运气。尼尔森公司2012—2016年发布的《突破创新报告》中评估了2万多种新产品，其中只有92种在上市第一年的销售额超过5000万美元并在第二年维持了这个销量。如果这算是创新成功的标准，那成功率还不到0.5%。

为了探索这个问题的解决方案，克里斯坦森后来又写了一本书，书名叫《与运气竞争》，书中结合了他的教学和咨询实践以及对大量创新产品设计的观察。

在这本书里，克里斯坦森提出了一个关键理论——"需要完成的任务"（jobs to be done，JTBD），你也可以把它译为"待办任务"，国内也有人根据JTBD模型将之称为"焦糖布丁"理论。

就像我刚才说的，这个理论的核心思想是：顾客购买一件商品，并不是想拥有这件商品，而是想"雇用"这件商品帮他完成一个现实世界中的任务。所以我们在设计产品的时候，创新的聚焦点要从产品本身转移到对用户行为的深层理解上来。最重要的是洞察到顾客想要完成的任务是什么，产品设计时就是要帮助顾客更好地完成这个任务。当你找到了顾客的真实任务，你的成功概率就会大大提升。焦糖布丁理论的第一个核心要素，首先是要找到顾客购买行为背后的真实动机，也就是顾客的任务。比如都是去买一杯奶茶，有人可能是想把奶茶作为晚餐的代餐，有人则是需要解渴，还有人是因为想买奶茶解馋，他们的任务各不相同。

当你去思考顾客任务的时候，开发产品的思路也就完全不一样了。"顾客并不需要一个1/4英寸的钻头，他只是需要一个1/4英寸的洞"，如果只专注钻头，那你就不可能给顾客提供更好的解决方案，比如提供上门打洞服务。

钻头只是产品，打洞才是任务。

焦糖布丁理论还能帮你有效识别真正的竞争对手。当你搞清楚了用户的真实任务，你才能理解自己真正的竞争对手是谁。我们过去在分析竞争状况时往往是把同类公司的同类产品拿来做竞品分析，就像可口可乐与百事可乐、瑞幸与星巴克、奔驰与宝马等，但这种分析方法其实有很大问题。如果从用户待办任务的视角出发，那么看起来完全不同的两种产品也可能是竞争对手。

比如，传统上我们认为康师傅方便面最大的竞争对手是统一。可是由于外卖的兴起，方便面市场竟然神奇地出现了萎缩，后来大家才明白，顾客买方便面和点外卖，都是为了完成同样的任务：快速方便地解决一顿饭。如果一个顾客想在高铁上吃一顿简便的午餐，他可能就需要一桶方便面，外卖这时就没法和方便面竞争，可是方便面同样还有火腿肠、高铁餐车、面包、饼干等竞争对手。

搞清楚顾客的任务，明白了你的竞争对手，接下来就是产品创新的重点问题：创新要从以产品为中心的角度转到以任务为中心的思路上来。

到今天为止，宜家是世界上最赚钱的公司之一，宜家的所有者英格瓦·坎普拉德也是世界上最富有的人之一。但是宜家出售的家具质量一般，用过宜家家具的朋友可能深有体会，搬一次家就可能把这些家具弄坏，而且还需要你自己去库房找家具、搬回家、组装。这看起来是个挺"烂"的商品，为什么却帮宜家赚到那么多钱呢？

我们回到宜家创办的年代，就会发现是宜家率先发现了顾客的某个任务，而这个任务是其他传统家具店的商品没法完成的。

想象你在那 20 世纪中期的美国，你搬到一座新城市，租完房子之后要去家具店选购家具。你看好了款式，家具店告诉你，他们将按照你订购的款式尽快制作，不过要等一两个月的时间才行。

也许这个家具店的家具质量要比宜家好很多，服务员笑容可掬、无微不至、讲解详细，还能提供送货上门和组装服务（而这些宜家都没有）。可是你已经搬到了新家，家里还没有床，甚至连沙发都没有，你打算在接下来一个月的时间里睡在哪里呢？这就是你需要完成的任务，而此前没有一个家具店能帮你完成它。

现在，当你拉着行李搬到了一座新城市，你可以立刻跑到宜家去。宜家的选址通常离市区很远，但没关系，那里有充足的停车位。宜家也没什么服务员给你详细介绍产品，不过它丰富的展示可以让你一眼就知道需要什么家具。你要自己带着铅笔和清单纸记下你想要哪个编号的家具，还要自己到库房去寻找它们。如果你带着小孩儿，宜家会帮你照看孩子。宜家的家具全是板材组装，所以运输和储存都不占地方。你把这一车板材拉回家，只需要照着说明书去工作，你就会在当天拥有想要的所有家具。

宜家发现了顾客的任务，并创造性地提供了关于这个任务的解决方案，这是宜家早期发展的核心动力。

这里我要提醒一下，顾客的真实需求和顾客的购买其实不是完全相同的。顾客产生购买行为，也许并不是基于一个需求，有时候纯粹是因为他以为自己有这样的需求，或者仅仅是因为降价促销他才有购物的动机而已，这个时候商品是什么已经不太重要了。

举几个例子体会一下：

- 你深夜路过地铁口，发现一位老奶奶在卖玉米，你可能并不需要玉米，但你比较心疼老奶奶，所以你就买了三根玉米。
- 你在逛淘宝，偶尔进了某主播的直播间，发现他在叫卖一个很便宜的榨汁机，可能你并不需要这个榨汁机，可你觉得太便宜了，不买觉得有点亏，所以你就买了一个。到货之后你从来都没有用过这个榨汁机，最后在咸鱼上把它卖了。
- 有个做会销的销售员，他天天去看一个老爷爷，陪他聊天、散步、谈心。后来他推销给老爷爷一个保健按摩椅，也许这个老爷爷并不需要，但因为老爷爷觉得这个销售员很亲切，又天天陪他，比自己的孩子都有耐心，虽然这个按摩椅很贵，但他还是决定买了。

我们再说回"待办任务"这件事。

在探寻顾客真实任务的时候，你还要考虑你为顾客设计的任务解决方案能不能顺利进行。因为你提供了一个看似完美的解决方案，其实在实施过程中却常常遇到意想不到的问题。我刚才讲过在顾客需求满足的过程中会发生一系列事件，这些事件能不能顺利推进呢？

宝洁公司曾经在非洲推出了一款儿童洗手液，这款儿童洗手液有一个带有公益性质的任务：非洲儿童的死亡率很高，其中一个原因就是他们不洗手，即使洗了手也没法完全杀灭细菌，因为洗手液本身清洁力不够。

宝洁为此设计的洗手液很硬核，它能清除并杀灭孩子手上绝大部分的细菌。但宝洁推出这款洗手液之后，效果并不怎么样，那些使用了洗手液的孩子依然会感染细菌和病毒。宝洁公司对此进行了调查，他们发现，原来小孩子在使用这款洗手液的时候，他们搓洗的时间没有达到 15 秒，如果达不到这个时间是没有杀菌效果的。

所以你以为你完成了顾客想要完成的任务，其实并没有。就像一个战略，如果我们只是提出了一个战略，但无法在现实世界中执行，那这就不是一个真正的战略。

后来宝洁公司想出了一个办法，他们在这款洗手液中加入了一种物质，当孩子揉搓洗手液的时候，泡沫的颜色就会发生变化，15 秒后泡沫的颜色就会从白色变成蓝色。所以设计产品不仅要解决功能问题，还要解决使用问题，因为一个任务要完成，需要一系列的现实条件。你不仅要提供能完成任务的产品，还要协助顾客让他们具备解决任务的所有现实条件。

客户的任务是随时间演变的，产品的创新也需要不断演变，要时刻从任务的角度审视你的产品。要想保持竞争优势，不妨时常问自己如下几个问题：

- 顾客的任务有没有发生改变？是消失了，还是改变了？

- 完成顾客的任务有没有更好的解决方案？

- 顾客有没有什么新的任务？有没有你的机会？

- 当你为顾客的任务提供了解决方案，顾客在实施时会遇到新的
  问题吗？你有没有准备好备用的解决方案？

笔记 14

焦糖布丁理论案例——生日蛋糕陷阱

生日蛋糕，真的是蛋糕吗？

阅读之前，请你先花一分钟时间思考一个问题：顾客购买生日蛋糕要完成的任务是什么？

2017 年年底，一个已经服务两年的客户找到小马宋，说他们想做生日蛋糕这个品类。这个客户此前在惠州经营着上百家便利店，还有惠州排名第一的美甲连锁店，但从没有做生日蛋糕的经验。

我很好奇，问他为什么要做生日蛋糕。他说有个品牌的蛋糕进入惠州增长很快，他觉得自己完全可以做得比它好。我觉得这个理由很牵强，但这个老板和我说的时候，已经聘请了一个五星级酒店的大厨和一个食品厂的生产厂长，蛋糕工厂也已经在建设中了，而且品牌名字已经注册，叫"熊猫不走"。所以我没办法劝他放弃，只好硬着头皮为他设计营销策略。

这个案例真的是从零开始，所以早期我们做梳理工作的时候，没有特别多企业经营的资料可以参照。熊猫不走蛋糕的特点是用料更好、更美味，而熊猫不走团队的作风是想到了就直接做——一个月后蛋糕就要上市，广告位都已经买好了。所以早期我们测试性地用了一句广告语：送给重要的人，当然要送更好的蛋糕。

几个月之后，我们复盘这段时间的经营状况，虽然有一定的成绩，但并不那么完美。其实这个情况是意料之中的，因为我们在实际操作中并没有在产品上做到有效的差异化，在一个几乎雷同的市场上竞争是非常困难的。

不过我们在复盘过程中发现了几个问题。

第一，生日蛋糕的配送地点除了家庭，还有餐厅、公司、KTV等场所。根据配送员的反馈，一般都是好多人一起过生日。这个也符合常识，一个人吃生日蛋糕这种情况极少。

第二，当初我们公司给熊猫不走提的一个小建议，后来成为用户评论中最亮眼的一条。当时我们觉得生日蛋糕产品没有特别的记忆点，所以就建议配送员身穿熊猫服装、头戴熊猫头罩去送货，还配合唱歌、跳舞等表演。结果大量的客户反馈说这个形式很好，他们很喜欢。尤其是小孩子，他们参加一次朋友的生日聚会，回家就和妈妈说也想要这个熊猫人送的蛋糕。

基于这两点发现，我们重新思考了生日蛋糕的产品本质，后来我提出了一个"生日蛋糕陷阱"的概念。熊猫不走是生日蛋糕，所以在设计产品的时候往往首先认为它是一个"蛋糕"，其实这并没有抓住这个产品的本质。生日蛋糕的重点其实不是蛋糕，而是生日。

在我们这样一个物资丰沛的市场上，顾客买一个生日蛋糕真的是为了吃蛋糕吗？他们是为了过生日。所以过去的产品设计重点错了，应该是生日，而不是蛋糕。生日蛋糕的本质是顾客过生日时的一个道具，顾客需要点上蜡烛，许愿，然后吹蜡烛，分蛋糕，同时配合各种拍照庆祝，等等。顾客的需求是过好一个"生日"，那我们为什么要聚焦在"蛋糕"上呢？为什么顾客那么喜欢送货的熊猫人？因为这只"熊猫"为顾客的生日带来了快乐。

有了这个认知，我们为熊猫不走重新设计了产品开发策略：重点不是为顾客做出一个好吃的蛋糕，而是为顾客创造一个快乐的生日。生日蛋糕要发挥一个"道具"的功能，道具是为了创造气氛而不是作为一种食物出现。

我们重新分析了顾客消费生日蛋糕的流程，并把这个过程称为"消费者旅程"。顾客消费一个生日蛋糕可以分为购买、收货、拆包装、插蜡烛、许愿、吹蜡烛、合影、分蛋糕、吃蛋糕、庆祝、拍照、分享朋友圈等节点，那我们产品设计的工作就是要看看在每个节点上我们能为顾客提供什么价值。

第一是购买，我们设计了1元吃蛋糕（需要完成一定任务）、充值大礼包等给顾客带来惊喜的尝试选项。考虑到很多人买蛋糕是送人的，熊猫不走连祝福语也提前设计好了几十条，可以个性化定制，而且还提示顾客这些祝福语可以在下单时直接复制粘贴，配送时会根据顾客定制的内容写好祝福卡片。

第二，收货环节继续强化熊猫人送货的概念，这是早期反馈中顾客最看重的环节。我们在经营上建议加强熊猫人配送员的培训和话术引导，每个月都更新唱歌内容和跳舞的内容，同时要熊猫人主动与顾客合影，这就可以引导顾客多发朋友圈。我们还根据熊猫人送货这个特点创作了广告语：有只熊猫来送货，唱歌跳舞真快乐。

第三，之后几个环节，我们做了诸多改进。

生日蜡烛，熊猫不走提供了两种选择，一种是传统的生日蜡烛，另一种是一个小烟花。

普通的生日帽就是一张硬纸片做的，熊猫不走的生日帽用的是可以闪闪发光的丝绒材质。

另外，熊猫不走还提供了泡泡机、猜拳、幸运抽奖等游戏。还有许多细节，这里就不赘述了。

根据我们提出的开发策略，熊猫不走蛋糕进行了一系列改造，它本质上已经不是一个蛋糕公司，而是一个生日策划公司。他们还有一个1999元的蛋糕，这个蛋糕的特殊性在哪里呢？就是顾客可以花钱请6个熊猫人一起上门唱歌跳舞。

熊猫不走还创造了100多种不同的用户体验方式，团队平时会定期进行头脑风暴，在配送中不断更新玩法，给用户带来持续、新鲜、有趣的体验。因为体验本质上就是产品。

经过这次战略性调整，2018年5月，熊猫不走成为惠州生日蛋糕市场排名第一的商家。2018年6月，熊猫不走进入佛山禅城区，用三个月时间做到了当地生日蛋糕市场第一名。之后就是它的快速发展期，先后在中山、东莞、广州、珠海、厦门、成都、重庆、长沙、杭州等城市开业。2019年年底，熊猫不走获得吴晓波的头头是道投资基金领投的Pre-A轮（A轮的第一期）融资，当年的月营业额已达3000万元。

这是一个正在发生的、离中国的读者更近的案例，也是我们公司参与其中的一个案例。我们设计产品，只要放弃那些高大上的理论，沉下心来用心思考一个非常简单而朴素的问题：顾客购买一个商品，他想完成的任务是什么？一旦你找到了顾客真实的任务，一切难题似乎都能迎刃而解了。

笔记 15

产品开发中追求"绝对原则"是一种执念

严格来说,产品开发是不存在原创的。

本书讲的是真实的商业问题,我决定用一篇笔记专门说一个看起来很吸睛的话题:企业经营或者产品开发时对山寨和抄袭的态度。

在营销咨询行业,有一位著名的老师叫叶茂中,大家可能听说过,他的经典造型就是头戴一顶棒球帽,身穿一件黑色 T 恤。你会在各种航空杂志、高铁候车大厅看到叶茂中自己的广告形象。不过你也可能会看到一个"山寨"的叶茂中,他也是头戴棒球帽、身穿黑 T 恤,这个人叫张××。张××的形象几乎复制了叶茂中,广告也和叶茂中几乎一样,还打出了"北有叶茂中,南有张××"的口号。更有甚者,这位山寨了叶茂中的"策划大师"还在自己的客户面前公开宣扬自己"傍"叶茂中成名的策略,而许多客户对这种策略佩服得五体投地。

这是中国商业社会中一个极端的例子,可能在许多人看来这么做过于无耻了,但不得不承认的是,这种策略有效。如果你的目的就是赚钱、出名，也不在乎什么好名声，这还真的是个挺好的思路。

产品开发同样也会面临这个问题，你要不要"借鉴"同行的思路呢？

作为一个商业机构，企业要对自身经营和盈亏负责，在与创业者交流的时候，我感觉他们在产品开发上有两种极端的理念，都是不可取的。

第一种是极度洁癖。就是觉得别人做了我就不做，如果不是我第一个想出来的我宁愿不做。结果是为了创新而创新，为了不同而不同，从而忽视顾客的真正需求，开发出了很奇怪的产品。其实世界上有那么多产品开发者，每个人、每个企业每天都在思考如何创新一个产品，你能想到的所有产品的改进方式在世界另外一个地方一定有人早就想到了，想要追求"绝对原创"是一种执念。

即使是苹果这样的公司也不能保证绝对的原创，比如早期的图形操作界面是乔布斯参观施乐帕克研究中心时学习到的。如果你非要自己开发一套完全不同的东西，那只是跟自己较劲。

在追求原创和领先方面，游戏界的巨头之一任天堂也吃过亏。在当年的游戏主机 Wii 成功之后，任天堂在 2012 年推出了一个非常奇怪的 Wii U，算是 Wii 的第二代，但这个产品设计却异常糟糕，用户体验极差，这一代主机也成为任天堂历史上销售最差的主机。

为什么会这样呢？因为任天堂本质上是一家非常骄傲的公司。它在游戏界给自己的定位是这样的：永远追求引领整个行业的创新。

这种有极度洁癖的产品开发理念确实有可能做出引领世界的颠覆性产品，但也有可能带来很差的结果。处处追求与众不同，要么会导致在产品开发上进度缓慢、成本过高，最终失去市场机会和成本优势；要么就会开发出看起来很特别，其实用户根本不想要的产品，同样也会受到市场的惩罚。

第二种是原封不动地照抄。尤其是在软件开发领域，许多公司就是"像素级抄袭"。从经济的角度看，这种抄袭可能会带来一些商业利益，但这也就是一种"生意"而已，很难成为一个长久的事业。因为抄袭成性会让整个企业缺乏创新的基因，赚点钱不难，做成优秀的企业基本没有可能。

其实除了极少数产品，大部分产品都是在别人创新的基础上改进而来的，这在商业世界中是一种最正常、最合理也是最有效的产品开发策略。早在很多年前，"企业创新"理论的提出者熊彼特就在他的《经济发展理论》中为创新下了一个定义：创新的本质其实是一种"新组合"，而不是一种"新技术"。

借用熊彼特的这个创新概念，企业的新产品开发其实就是把各种性能、技术、原材料、形状等必要元素重新组合的过程。所以从理论上来说，产品开发都是在他人创新基础上的改进，而不是无中生有、改天换地的创造。

1995年，管毅宏在海口开了第一家山西面馆，后来发展成为九毛九山西面馆。2020年，九毛九在香港证券交易所挂牌上市，截至目前，其全国门店超过400家。

2015年，管毅宏被朋友带着吃了一次酸菜鱼，他就想创办一家主打酸菜鱼的品牌餐厅。酸菜鱼是一道传统菜品，发源于重庆地区，过去酸菜鱼的主料是草鱼或鲤鱼，但草鱼、鲤鱼都有刺，顾客吃鱼的感受并不好。管毅宏去吃的酸菜鱼，商家用的是鲈鱼，通过加工可以让鱼肉片不含鱼刺，体验很好。这个用鲈鱼做主料、没有刺的鱼片，就算是酸菜鱼的一次产品创新。管毅宏后来创办的酸菜鱼品牌，取名"太二"。

在开发太二酸菜鱼的时候，管毅宏又进行了改进和创新。他觉得在鱼身上做文章已经很难有差异化，于是就在酸菜上动脑筋。他决定用传统工艺腌酸菜，把酸菜做到最好，这就是太二酸菜鱼的品牌口号"酸菜比鱼好吃"的由来，也是产品创新时形成的一个重要的差异化。在酸菜做出差异化创新的同时，太二酸菜鱼还做了一个看起来很小但很有价值感的改进，就是在酸汤上撒一把菊花瓣。金黄的菊花和红彤彤的辣椒在色彩上交相辉映，提供了视觉上的美感，还让酸菜鱼增加了一种别样的风味。

老坛子酸菜鱼这道菜也是在实践中持续改进的，用鲈鱼做原料，鱼片没有刺吃起来更舒适，太二特别腌制的酸菜提升了汤和鱼的味道，加上菊花调香调色，这道菜从形、色、香、味上就越发完美了。

从太二酸菜鱼的产品研发，你也可以领会到什么叫作重新组合的创新方式了。不过酸菜鱼属于顾客对创新迭代期望值不高的品类，有些餐饮品类就不一样了，比如奶茶行业。奶茶行业产品迭代特别快，几乎每年都会出现几款甚至十几款当季流行的产品，从早期的珍珠奶茶再到后来的芝士奶盖、水果茶、脏脏茶、豆乳、柠檬茶、益生菌、冰激凌、杨枝甘露等，后来还有喊出"车厘子自由"的小满茶田，以及主打原叶鲜奶茶不加其他料的霸王茶姬。奶茶行业的产品迭代速度在整个餐饮行业要说排第二，就没人敢排第一。

而且新产品开发成功率很低，之前我们也提到，尼尔森的调研发现，美国消费市场上新推出的 99.5% 的产品都会失败，我也目睹了上百个新产品开发失败的真实案例。

那么，在一个创新迭代如此迅速的行业，怎么才能保证产品创新率和市场成功率呢？怎么才能开发出市场接受度高、利润又合理的产品呢？我们可以使用跟随创新的产品开发策略。

我讲一个奶茶品牌的思路。

国内有一家门店数超过5000家的奶茶品牌，它每年会推出10~20款新口味奶茶，它在产品开发上遵循的就是"跟随创新"的策略。

曾经有一位年轻的同事很不解地问自己老板："为什么我们从来不去研发能引领市场风尚的奶茶新品？"其实呢，这并不是这家奶茶品牌的研发部门做不到，而是因为公司的产品开发策略要求公司不这么去做。

它很少开发引领行业风尚的新品，因为开发这种新产品代价太高，成功概率太低。它的策略是等待一线城市的一线品牌开发出市场接受的产品之后再跟进，在这个基础上改造和创新，做出适应下沉市场的口味，这就保证了推出新品的成功率。

从商业经营的角度，并不是说引领风潮的就一定会成为最大的品牌，你看星巴克这么多年就那么几种经典咖啡，有许多新品也就是季节性的或者做做活动而已。这个奶茶品牌有机会成为中国奶茶行业的几个头部品牌之一，而它的经营之道就是跟随创新，与那些新锐新潮的奶茶品牌保持适当的距离，默默学习但从不特立独行、锋芒毕露，从而保证自己商业上的持续成功。

这里并不是想讨论商业经营者的骄傲或者情怀，而是探讨商业营销的可行性和持续性，毕竟一个企业如果在创新上损耗过多基本就无法成功，而跟随创新是一个非常稳妥的策略。这个奶茶品牌并不是行业的小品牌，甚至有可能在几年内成为行业的领头羊，那为什么它不注重"创新"呢？这让我想到一个和博弈论有关的话题。

博弈策略认为，领先者的最佳策略是"模仿"，挑战者要想翻盘打破竞争格局，则需要在产品或者技术上进行"颠覆"。

有一本讲博弈论的书叫《妙趣横生博弈论》，两位作者都是知名商学院的教授和博弈论专家。这本书里讲了一个案例：在帆船赛中，风向多变，一只船处于领先地位，第二名紧紧跟随，请问：领先者的必胜策略是什么？答案是任何时候都跟随第二名的方向。因为无论风往哪个方向吹，无论第二名采用什么战术，无论第二名如何变换，第一名只需要与第二名保持一致就可以。这是因为在帆船比赛中，第一名和第二名遇到的风几乎是完全一样的，在外界条件完全一样的情况下，第一名就会永远保持第一。但从第二名的视角去看，你跟在第一名后面是永远无法成为第一的，所以你的策略就应该是积极变换方向，一旦第一名不跟随你了，你就有可能翻盘。

当然，商业竞争比帆船比赛要复杂得多，上文讲的那家奶茶品牌跟随创新也不是"无耻地照抄"，他们的策略是等待同行品牌用新产品测试市场，发现机会后跟进并改进创新获得更大的优势，这是一种非常有效的开发策略。

笔记 16

顾客感觉到好，产品才是真的好

元气森林的塑料瓶，为什么会比较硬？

2017 年，我参加混沌研习社的创业营，我们班上有个同学叫高德福，他是喜家德饺子的创始人，现在全国拥有超过 700 家门店。有一次我们在青岛上课，下课之后他请我们集体去吃喜家德水饺。

喜家德是中国水饺行业的领军品牌，我早有耳闻，但那是我第一次吃喜家德水饺。这家分店在青岛，所以有一些当地特色的水饺馅，比如鲅鱼馅、皮皮虾肉韭菜馅，我第一次吃到就直接被圈粉，后来推荐许多朋友去吃喜家德。同时由于职业习惯，我发现喜家德水饺除了好吃，还有一些不太一样的地方。

最大的不同是喜家德水饺的形状。喜家德水饺发源于黑龙江省鹤岗市，应该算东北水饺，但它的形状和东北水饺差别很大。东北水饺形状普遍是元宝形，皮薄馅大。喜家德的饺子却是一字长条形，那为什么要做成这种形状呢？我想到了一个原因，后来和喜家德的人确认了一下，证明我的想法是对的。

问题的关键在于饺子馅。

喜家德的水饺为什么好吃？有两个重要的点：一是他们的饺子皮配比很特别，另一个是馅料用得特别好，喜家德店内宣传的话术也说"每个水饺里都有一个大虾仁"。饺子皮虽然是关键的一个因素，可是顾客很难注意到饺子皮有多特别，所以重点就是怎么让顾客知道喜家德的饺子馅很好。

有时候，饺子好吃是因为调料味道调配得好，而不是因为馅料用得好。而馅料好还需要"可视化"，你用了多好的油顾客是看不到的，所以重点就是要展示那些顾客一眼能看到的东西。为了让顾客关注到喜家德水饺的馅料原材料好，喜家德把水饺设计成了长条形，为什么这样设计呢？因为这样顾客咬一口还可以用筷子夹住，这就能看到里面的馅，这是一个边吃边验证的过程，即通过产品的"体验设计"让顾客感知到产品的"好"。

这里有一个和营销关系非常大的产品设计概念，叫作产品体验设计。如果你的产品很好，顾客却感受不到，那说明你的产品体验设计没有做好。产品体验设计，就是通过产品设计、包装设计等让顾客能感受到产品的高品质。

做好产品体验设计有什么价值呢？

首先，让顾客相信你产品的功能和效果。顾客都相信眼见为实，更容易相信亲眼看到的东西。比如某些主打"冰爽"口味的牙膏，它会把牙膏膏体设计成透明状，以蓝色为主，因为蓝色和透明状就会让人感觉"冰爽"。同时，它还会在透明膏体中放一些晶莹的"冰爽片"，这样会让消费者很容易感知到"冰爽因子"。其实真正的冰爽成分是看不到的，产品设计只是为了让顾客感受到。

其次，可以提升顾客的价值感知，这样产品定价空间就会打开。顾客对价格的判断是以主观感受和客观价值为基础的。喜家德的招牌虾三鲜水饺，每个水饺里面都有一个大虾仁，如果让顾客吃一口能看到大虾仁，就能提升水饺的价值感，价格贵一点顾客也会觉得物有所值。

最后，对顾客心理认知是一种强化。比如，"喜家德的饺子馅特别好"这个认知会在顾客心中不断强化，每吃一次喜家德水饺都会强化一次，而每次强化后顾客又会更多地选择喜家德。好的产品体验设计就是要让顾客强化对品牌的认知，并带动顾客的口碑传播。

再看一个例子。2017年的某一天我去南京出差，午餐的时候客户请我去当地很有名的一家快餐店——老乡鸡，那是我第一次去体验这个品牌（这个品牌后来很有名了）。我又像犯职业病一样观察了整个老乡鸡的餐厅体验设计。进店第一眼，我就看到餐厅门口堆了一排农夫山泉，上面写着一行大字：肥西老母鸡汤，农夫山泉烹制。这是暗示顾客，这里的鸡汤是用农夫山泉烹制的，但"肥西老母鸡"该怎么证明呢？

等鸡汤上来我就知道了。原来每一碗鸡汤里都有一个母鸡肚子里的蛋，我不知道这个学名叫什么，在我老家这东西叫"蛋茬儿"。用老母鸡身上独有的一个东西，证明这个汤是用老母鸡炖的，这就是一种简单的产品体验设计。

那还有更复杂的产品体验设计吗？当然有。

在白酒行业，高档白酒的市场长期被那些历史名酒占据，新兴白酒品牌即使在用料和酿造工艺上与顶级白酒相同，也很难突破品牌壁垒。怎么才能在这样的市场环境中杀出一条血路呢？酣客酱酒就用一套生动、有趣、复杂的产品体验设计和"封测盲品游戏"实现了产品和品牌认同，让醋客的品质可以看得见、能感知，因而快速发展了起来。

醋客酱酒是近几年发展起来的一个高档酱酒品牌，生产基地位于贵州仁怀名酒工业园（这里也是中国顶级酱酒核心产区）。他们严格遵循中国传统的酿酒工艺，端午制曲，重阳下沙。选用优质红缨子糯高粱酿酒（茅台的原料也是红缨子糯高粱），用中原冬小麦制曲，酿造工艺经历九蒸九煮、八次加曲、七次取酒、四轮勾调、五年窖藏，可以说是非常高品质的高档白酒。但酒做得这么好，有用吗？按白酒行业传统，其实真没太大用处，因为社交型白酒喝的主要是名气和社会认同，大家对白酒品质的关注倒在其次。

要想打造出一个高档白酒品牌，需要沉得住气，不断投入广告费用以提升知名度，获得消费者认可，经过长时间沉淀才能树立起一个品牌。但是，这么做太慢了，有没有可能把这个过程加快一点、营销费用降低一点呢？醋客酱酒使用另一种方法，加快了品牌建立的过程。

醋客酱酒采用"社群＋酒窖"的方式，先聚集了一群喜欢酱酒、懂得好酒的酱酒极客人群，通过自己设计的品鉴方法在这些人群中树立起醋客酱酒品质极高的信誉。然后这些喜欢醋客酱酒的粉丝，也可以申请在自己的城市建立酒窖代理醋客，并且可以在当地用同样的"社群＋产品体验"的方式推广醋客。越高端的消费者，越在意真品质。就是用这种"品质可体验、设计与颜值领先"的方式，醋客酱酒5年时间销量增长了100倍，还成为唯一获得2021全球顶级工业设计大奖A'Design Award的中国白酒，并成为博鳌亚洲论坛全球健康论坛和联合国生物多样性大会的唯一指定白酒。

醋客酱酒设计了一套相当有趣且复杂的现场封测和盲品体验，当然它需要现场人员的参与和指导，虽然不适合大部分白酒的销售场景，但是与醋客酱酒这种现场品鉴、社群销售的模式配合默契。

醋客酱酒现场封测盲品有 16 种方式，让顾客能现场鉴别白酒的品质。其中一种方式就是"捻酒"：现场请参与者将食指伸进杯中蘸水，用大拇指和食指搓捻，记住捻水的手感，再用纸巾擦干手。同样的方法再蘸酒、捻酒，与水对比，好酒的手感黏滑稠润。还有一种方式叫空杯留香，就是喝完酒的空杯子的味道每隔一段时间就会变化，由酒香、窖香、净香（毫无杂味）到粮香、曲香、花香、蜜香、焦香、烘焙香……酒香保持的时间越久酒越好、品质越高。还有一种方式叫火检法，就是把纯粮酿的醋客酱酒与酒精勾兑的白酒对比。因为纯粮酿造过程会产生酯类物质，酯类物质溶于酒精，所以在有酒精的时候，所有酒体都是无色透明的。当用火点燃白酒，把酒精燃尽后，含有酯类物质的粮食酿造酒就会浑浊，而酒精勾兑的白酒依然无色透明。

这是一种特殊销售模式下极其复杂的产品体验设计，但它非常有效，因为它让顾客相信并且验证了自己正在品尝的是一款真正的好酒。

说到这里，怎么才能做出一个好的产品体验设计？其实只要记住一条核心原则就可以：运用各种设计方法，让高品质看得见、摸得着，让顾客通过视觉、嗅觉、听觉、触觉等感觉到产品真实的品质。

笔记 17

好包装卖四方，坏包装上天堂

包装是世界上最敬业的销售员。

在具体讲包装之前，我先问一个小问题：红烧牛肉方便面里并没有那么多牛肉，为什么包装图片上却有那么大块的牛肉呢？

其实这个问题和"我们设计包装，主要是为了什么"几乎是等价的。

在人类生活的早期，一个卖油的不会榨了油后摆到市场里去卖，而是直接开一个油坊，前面再开一个卖油的店铺，前店后厂。有人来买油，不好带走，卖油的就把油装在一个个桶里方便顾客带走。我出生在20世纪70年代，那时我去村里的小卖部买红糖，店主先是称分量，然后用一张方纸把红糖一包让我带回家。包装最初的功能，就是为了携带和储存方便。

商品的买卖方式在后来发生了很大的变化。一个做食用油的企业生产出的花生油，要通过经销商和超市、商店等渠道销售，但渠道里不可能只有一个花生油品牌，而是各种食用油品牌。这个企业就需要在食用油的桶上印上自己的品牌名字和标识，顾客在购买的时候就容易找到它，品牌名为顾客提供了品质保障和售后保证。同时，它还要和其他食用油的品牌进行竞争，顾客会在货架前进行比较，这个时候包装就充当了销售员的角色。你不可能随时配一个销售员在每一个货架旁，顾客在选购食用油的时候除了凭借自己的日常经验，只能通过包装来做出购买决策，包装这时候最重要的功能就是通过文字、图片或者符号设计说服顾客购买。方便面包装上有那么诱人的牛肉块，就是为了刺激顾客的食欲，让顾客产生购买欲望并立刻做出购买决策。

元气森林气泡水的包装上有一个巨大的"氖"字符号，它会引起顾客的注意，让选购气泡水的顾客快速地发现它。那怎么才能让顾客有更多机会发现它呢？元气森林气泡水的包装瓶最早只有一面印着"氖"字，我们给它重新设计包装的时候，建议把这个"氖"字设计成两面都有，这样顾客不管在哪一面都会看见"氖"字，这就是货架的原理，即让顾客更容易发现这个品牌。

包装设计并不是比谁更好看，而是比谁能降低营销和传播的成本。线上产品的展示可以通过更多辅助手段来实现，比如通过大量图文和视频来介绍产品，这个时候包装设计常常就是顾客选择商品的一个理由。直播时代有所谓"颜价比"一说，就是颜值和价格的比例。顾客收到好看的包装时，拍照和晒图的欲望也会很高，这就等于为你的产品提供了一次免费的宣传机会。

包装的本质是为了降低营销成本，把线下产品的包装做得醒目是降低营销成本，包装有趣且容易拍照，也是在降低营销成本。

网红品牌乐纯酸奶的包装，看起来就非常惊艳，包装设计颜值非常高，这是它走红的原因之一。但这个包装是有缺陷的，它在线下渠道陈列的时候视觉上缺乏吸引力。在电商页面我们可以对包装进行 360 度无死角展示，哪个角度好看就拍哪个角度，但在商超货架上，顾客能看到的只有平视这一种角度。其实平视的时候，乐纯的包装和其他酸奶品类相比优势并不大。

小米也是一样的。小米过去是在线上售卖，后来有了好多衍生品，比如手环、电池、充电宝、耳机、路由器等，但小米的每个衍生品包装盒几乎都一样。到了小米之家的线下店，顾客在选购的时候看到的是一堆白盒子，他们找不到自己想要的商品。

后来小米的包装做了改进，把每个商品图都印在了包装上，这才有了识别度，但依然不是很清楚。这就属于销售点包装不足。

设计包装应该注意如下几个问题。

1. 便于品牌的识别

19 世纪初，可口可乐获得了巨大成功，但引起了竞争对手的纷纷效仿，它们对可口可乐的名称和标识略做变体贴在各种瓶子上。面对大量的仿冒产品，可口可乐公司与制瓶商合作，要求制瓶商提交新瓶形设计方案，可口可乐这样描述自己的要求：**瓶子必须独一无二，哪怕在黑暗中仅凭触觉也能辨别出可口可乐，甚至仅凭打碎在地的碎片，也能够一眼识别出来。**1915 年，如今地球人都知道的可口可乐弧形瓶由印第安纳州泰瑞豪特的鲁特玻璃公司设计出来并获得专利。

这个玻璃瓶瓶形是可口可乐公司的重要资产，以至后来出了听装可乐，在听装可乐的瓶子上还印着玻璃瓶的形状。同时，普通可口可乐的包装上通常印着巨大的可口可乐中英文商标。可口可乐红白搭配的颜色也是它的重要识别系统之一，只要你扫一眼，就知道这是可口可乐。

有时候设计师常常说，标识小才有格调，大品牌的标识都会有大量留白，这样才显得高级。其实包装的第一要务是要容易识别品牌，所以你看看可口可乐就知道你的产品标识是不是够大。

星巴克在美国流行的时候，好多美国人以手中持有一杯带星巴克女海妖标识的杯子为傲，那星巴克的杯子包装是不是应该更醒目一些呢？你可能会说，可口可乐是快消品，不需要那么高级感十足，那么你可以看看路易威登的包。

另外，你会发现农夫山泉的瓶子两面都有农夫山泉的巨大标识。因为在终端货架上，两面标识的设计可以保证农夫山泉能更多地被顾客看到，也更容易被识别出来。

西贝的外卖，除了包装袋上有明显的品牌名字，还提供了西贝品牌显著的红格子餐布，处处都在展示品牌元素。怎么可以让人通过包装快速识别品牌呢？你可以通过放大标识和品牌名（比如可口可乐）、特有的包装形状（茅台酒的酒瓶）、特有的颜色（百事的蓝色）、特有的花边（路易威登的花纹）等来增强品牌的辨识度。

2. 传递描述性和说服性信息

我们做包装的时候，要永远假设顾客是一个陌生顾客。他并不了解你的产品，他拿起这个商品的时候，不知道为什么要买它，你的包装就要承担这个工作，即包装要给到顾客购买的理由。

这一点哪个行业做得最好呢？图书行业。图书的封面设计就是图书的包装，封面设计不仅仅要告诉顾客这是哪个出版社、哪个作家的作品，还能促使顾客购买。

最典型的是图书腰封，上面通常会有两类信息，一个是名人推荐，另一个是图书获得的奖项和荣誉。

产品包装也一样，你可以看一下农夫山泉的瓶贴设计，它的说服性信息其实非常多。

当然，在写推销话术这个方面，椰树牌椰汁就做得比较极致，外包装上那些淳朴的语句有很强的辨识度。

我去日本参观时看到日本的食品包装会做一个展示结构，告诉顾客这个盒子里有什么，以及这个食品内部有哪些原料，这样就更容易让顾客做决定。有的甚至把包装透明化了，可以更好地展示实物（见下图）。

"洽洽小黄袋"的改版，就是因为在调研中发现，很多消费者不知道每日坚果中有什么，所以他们在包装设计改版时就把里面的坚果种类一一列出。包装改版后小黄袋的销量得到了大幅提升。

3. 方便产品运输和储存

无印良品的设计总监原研哉曾经发起过一个日常用品的再设计活动，其中一个题目是再设计一款卫生纸。日本建筑师坂茂提出，可将现在卷筒纸中间的芯做成四角形。四角形的卫生纸在抽取时会产生阻力，这种阻力发出的信息和实现的功能就是节约能源。同时，四角形的卫生纸在排列时彼此产生的间隙更小，同样的空间内可以储存更多。

当然这只是举例，因为这种卫生纸包装改变需要改变供应链，反倒是不划算的。

宜家的一个创造性贡献就是它把原来只能整体装运的家具设计成板材拼装，这让家具的运输费用和储藏空间大大降低了。

元气森林气泡水在做产品设计的时候，要求产品中水的汽更足，当然这是比较容易实现的，而在运输中不爆瓶是不容易实现的。早期的元气森林运输过程中就发生过一些爆瓶的问题，后来通过不断实验，才解决了这个问题。

4. 便于消费者消费

为了便于消费者消费，包装要考虑几个层面：便于搬运、便于安装、便于使用。比如宜家的家具就特别便于安装和搬运。再比如保鲜膜使用时有个很大的痛点，就是切断保鲜膜很费劲，有些品牌的保鲜膜就提前做好了切割线，使得消费者很容易就能撕开。

三只松鼠之所以成为网红坚果品牌，是因为它特别考虑消费者使用的方便性。比如它的两层包装设计，第一层包装可以用来装吃剩的坚果皮，同时第一层包装里还会配备湿纸巾、开坚果的工具、包装袋夹等。

很多手机包装因为要追求格调，打开盒子就特别困难。还有一些酱油、花生油等商品，打开瓶盖后拉开瓶子的设计就很难用，经常拉不开，有时需要暴力拆装。

外卖的包装，过去都是简单粗暴的一个塑料盒加一双一次性筷子。现在各个品牌都在外卖包装上下了功夫，比如，米粉的包装粉汤分离，乐凯撒比萨采用了烫手包，从而保持比萨温度，水饺的外卖则增加了格挡。如果在五年前你还很难想象火锅的外卖，但今天海底捞已经可以随时恭候了。

快递盒通常很难拆，所以很多人拿到快递第一反应是找剪刀。那有没有可能，让顾客接到快递的时候不用那么麻烦呢？有一家专门做外包装设计的公司，叫一撕得（也曾是小马宋的客户），就解决了这个使用上的麻烦。顾客收到快递直接一撕就可以打开包装了（见下图）。

美国有一个叫作摩尔斯啤酒的品牌，它专门为酒吧的顾客设计了包装。因为酒吧经常会发生男女之间的搭讪，它就在包装上提前写了些搭讪用语，比如，"当然，你可以拥有我的电话号码""你的美丽吸引了我"等等。这也是在实用性上做文章。

5. 在货架中突出显示

要让产品在货架上具有强烈的吸引力并脱颖而出，包装设计就要有货架思维。根据美国的一些统计，消费者逛超市的时间一般是30分钟，而他们要看大概两万种商品，很多时候他们自己也没计划好要买什么，很多消费者可能是第一次在货架上看到这些商品，所以包装就需要在货架上迅速吸引顾客的注意力。

最简单的方法是通过色彩来与竞品产生差别，比如黄金酒在推出来的时候，发现中国市场上几乎所有酒包装都是以红和黄为主，黄金酒就用蓝色来做包装，这样它就可以迅速从货架上突显出来。

包装设计不但要考虑单个包装的视觉呈现，还要考虑在大面积陈列的时候形成阵列感。你可以到大型超市，比如沃尔玛或者山姆会员店，去看一看那种大面积商品陈列的感觉。据说，沃尔玛超市对自己商品包装的要求是，顾客能在3秒内或者15英尺（约4.5米）的距离接收到产品的说服性信息。

6. 美学功能与价值体现

前文我提到过"颜价比"这个词，说明商品包装的颜值很重要，因为我们面对的是新一代受过良好教育的消费者。

其实，好看的设计本身就是产品价值的一部分，想一想，在过去你购买商品有多少次是因为好看的包装而购买的?

包装还能体现商品的价值,比如喜茶的杯子都有那种高级的磨砂质感。一瓶瓶装饮料,如果它的塑料瓶软塌塌的,我会觉得它本身质量就不够好。我们在做市场调研的时候,就发现很多顾客说元气森林气泡水的瓶子摸起来手感和质感都非常好,配得上它的高价。

包装在材料上追求高级感,就像五星级酒店的大堂,虽然客人并不会住在大堂,但大堂依然富丽堂皇,就是为了证明这家酒店的品质。

康奈尔大学食品和品牌实验室负责人布赖恩·文森克通过研究发现,顾客会更加偏爱细高包装,因为他们会觉得这种包装比宽矮包装的容量更大。而且顾客还有一种心理,他们觉得包装越大,平均单价会越低,但实际情况并非如此。早年喜之郎果冻布丁就在包装上做了一次改变,他们把以前的定量包装改成散装,因为顾客会觉得散装的商品比定量包装的要便宜,其实当时的定价并非如此。

7. 其他功能

最近几年,可口可乐的小瓶装获得了巨大成功,这种小瓶装不但有塑料瓶的,还有小型听装的。其实价格上并没有太大变化,但是销量却增加了。因为人们会觉得,小型听装的可乐糖分更少。

这是可口可乐为了解决消费者对糖分的顾虑而做出的一个产品包装创新。凯度消费者指数发布的《2019 中国品牌足迹报告》中,在增速最快品牌榜上,可口可乐成为增长最快的品牌,一个重要的原因就是可口可乐小包装产品的增长。

包装还有一些别的作用。

因为原材料价格上涨,品牌可能就会"暗涨价":价格不涨,但是容量少了。比如，把瓶底设计得向里凹，就可以减少容量，消费者还不容易看出来。

包装是企业拥有的发行量最大、完全免费的一个媒体平台，它能承担发现、销售、转化、传播、沟通等多种功能。近年来就有企业在产品包装上加二维码，以方便进行调研、客户维护、收集数据等工作，所以千万不要只把包装当作一个"包装"那么简单。

我想，此时的你就需要仔细思考该怎么对待和设计你的产品包装了。

包装的最终呈现其实背后有大量的思考逻辑，接下来我要和你分享一个我们公司的咨询实战案例，通过完整的复盘让你理解一个有效的、能够提升销量的包装是怎么设计出来的。

笔记 18

包装设计案例——改变一个包装，提升 50% 销量

注：本文中的包装是 2019 年小马宋公司为云耕物作设计的，今天的产品包装已经有所修改（因产品升级等原因），但这个案例依然是一个通过包装设计提升销售情况的经典和典型案例。

2019 年 11 月，我们接了一个新客户：专注精品红糖和草本滋养的女性新消费品牌云耕物作。

云耕物作是在微信公众号的基础上发展起来的，在 2018 年 6 月进驻天猫。进驻初期增长还不错，但很快就遇到了增长瓶颈。也就是在这时，两位创始合伙人约我做了一次付费咨询，通过这次见面，云耕物作决定与小马宋签订营销咨询合同。

这是一个项目制的咨询服务，在 6 个月的合作期里，我们都做了哪些工作呢？

行军打仗，侦察先行；制定营销策略，则是调研先行。了解行业、了解客户的业务、了解消费者是我们制定营销策略的起点。通过调研，

我们发现红糖行业存在三个普遍问题。

第一，品类大于品牌，顾客购买红糖姜茶，搜产品的比搜品牌的多，也就是说，这个领域没有强势品牌。

第二，红糖售价普遍较低，产品包装大同小异，缺乏识别度和价值感。

第三，消费者对好红糖的标准认知不统一，红糖行业存在巨大的信息不对称。

一个明显的信息不对称就是顾客很难识别红糖品质的优劣，比如市面上多数红糖的配料表中都会写有白砂糖、赤砂糖，甚至有些红糖姜茶的配料表中白糖是排在第一位的（按照法规，使用最多的配料应该放在第一位），这就意味着白糖是这些"红糖姜茶"的主要原料。而像云耕物作这样纯正的红糖，则是用甘蔗汁不断熬制而成的，生产过程是纯物理的，它全面保存了甘蔗汁的营养成分，因此配料表上只有甘蔗汁。

这里还要补充一个背景信息。市面上的红糖姜茶有两种产品形态，一种是颗粒状的，一种是块状的。颗粒状的红糖姜茶的好处是容易冲泡，可以迅速融化，但不好的地方是，因为加工工艺的原因，不能完全用红糖制造，所以它的配料表中有白糖。如果是真的由红糖制造，它一定是块状的，没法做成颗粒状（当然块状红糖也有用白糖或者赤砂糖冒充的，看配料表就知道），但块状红糖的缺点是融化比较慢。

因为存在信息不对称，消费者也很难鉴别冒充红糖的白糖。面对这样一个信任缺失、品牌同质化的市场，云耕物作该如何破局？

1. 将复杂的战局浓缩为一个"战略重心"

我们在做战略营销咨询时发现，很多企业会误解"战略"这个词，以为特别宏观、特别长远的规划就叫战略，其实不是。

战略设计的核心要点是制订达到目标的规划和路线，而这个规划本身要运用现有的资源和企业核心禀赋，为企业在竞争中获得优势。好战略的关键点就在于能发挥企业的核心优势，它不会让一个身高170厘米的男生去打篮球，因为他没有任何获胜的希望。你也不能制定让"码农"去跟风摆地摊的战略，这不符合他的禀赋，也没有运用他的核心优势。

我们最重要的课题就是结合云耕物作的禀赋和资源优势，为它规划"下一步可实现"的战略重心，并设计一套与之相匹配的经营动作。"下一步可实现"是指不能绕开企业自身禀赋和资源去提一些"飘在空中"的战略。战略重心的概念源于战争理论，是指军事将领要善于将所有的军事行动浓缩为几个主要的行动——最好是一个，然后将全部兵力压倒性地投入在这个行动上，最终取得胜利。

我们需要思考的是，对云耕物作而言，什么是"下一步可实现的战略重心"，并能将企业导向成功？实际上，面对产品同质化严重的市场，品牌机制能够最大程度提高企业营销效率，降低消费者的试错成本。产品营销的终极竞争其实是品牌影响力的竞争。品牌对顾客的影响力越大，产品就越容易销售。而从零开始创建品牌的关键，就在于先洞察消费者需求，找到一个强有力的购买理由，通过一个拳头产品承载该购买理由，最终通过拳头产品做强品牌。这也是我们为云耕物作设计的下一步经营动作。

有很多企业，其拳头产品不突出，却一门心思在品牌塑造和传播上乱花钱，其实是舍本取末。因为最初的品牌影响力主要还是靠拳头产品"打"出来的，离开具体的产品去谈品牌战略其实是个伪命题。

产品是营销战役的永恒主角，而产品体验设计，也是一个重要的营销环节。

在我们介入之前，云耕物作已经有多个产品，包括"蔗香红糖""浓姜红糖""暖姜红糖""雪梨红参红糖"等，究竟哪款产品可以作为主打的拳头产品呢？

在与客户一起筛选并确定拳头产品的过程中，我们发现"暖姜红糖"是云耕物作的销冠。这款产品的消费场景很明确，对应女性的痛经场景，这个场景能代表消费者的核心利益，让消费者有充分的购买理由。此外，通过生意参谋的数据，我们也发现消费者在淘宝购买红糖，主要就是购买"红糖姜茶"。

而对红糖姜茶品类来说，最本质的购买理由是什么？顾客最关注的又是什么？

我们在做调研时发现，消费者在对店铺客服的咨询中，会出现一个高频问题："这个有没有效果？"关于红糖姜茶，网络搜索指数最高的条目也是"红糖姜水的功效与作用"。但红糖姜茶本身是食品（非保健品），不能直接宣传功效，怎么才能让顾客知道云耕物作红糖姜茶是有效的？

想不到解决方案，我们就继续研究消费者。经过大量消费者调研和数据分析，我们发现消费者形容红糖姜茶"有没有效"，通常会用"暖暖的""肚子暖了""暖胃""发热""暖洋洋"等形容词，这其中有个关键字就是"暖"。

"暖"，是能让女性消费者在痛经场景下行动概率最大化的一个字。

我们还发现，"暖"也是多数同类品牌在店铺产品详情页宣传时会提到的一个点，但却没有哪个品牌将其作为核心价值展示。

我们如获至宝，一下子就找到了云耕物作下一步的战略重心：通过打造一款拳头产品，占住并放大红糖姜茶品类提供给消费者的核心价值——"暖"。有了这个发现，也就有了最强、最核心的创意。基于这个创意，我们给客户创作的品牌口号是——"真红糖，真的暖"。

"真红糖"是针对大部分同行说的，因为这个行业太乱，以次充好的产品太多。这是一句正本清源、立刻放大产品优势的话，让顾客一看就能"被打动"，还能通过配料表快速验证，使用后向身边朋友推荐时还可以形成口语化传播。"真红糖"旨在打破红糖行业的信息不对称，不仅是品牌对消费者的承诺，也代表着企业诚心正意的价值观。

"真的暖"，不仅是红糖姜茶品类的核心价值，也是一种感性表达，既是身体上的暖，也有情感上的暖。

2. 用一系列营销动作来执行战略方针

洞察有了，我们接下来的任务是帮客户设计一整套的营销动作，来具体体现并执行"真红糖，真的暖"的战略指导方针。

前面我们讲过体验设计的话题，其实云耕物作的红糖姜茶也存在这种问题。产品体验设计不仅仅体现在产品上，还可以体现在包装设计上。在云耕物作这个项目中，我们主要用包装设计来解决顾客的产品体验问题。

云耕物作的红糖是块状的，它的缺点是融化速度比较慢，产品体验不够好。所以从产品角度，我们建议客户研发可以融化更快的红糖。

融化更快，只有两个基本思路：一个思路是增加红糖与水的总体接触面积，这需要把红糖做成更复杂的形状，但是生产难度较高；另一个思路是把红糖做得更松散或者糖块更小，这种思路实现难度较小，后来我们就选择把红糖做得更松散。

在产品包装上，我们也设计了一系列体验环节，让顾客可以亲自验证产品的品质，并能马上产生购买需求。

3. 包装设计上下功夫

我们提出了"真红糖，真的暖"的品牌口号和策略思路，产品包装于是就以此为核心不断积累品牌资产，同时遵循这条主线，促进顾客的购买行动。

在具体设计中，我们从"理性视角"和"感性视角"两个角度来思考。

理性视角：围绕"暖"这个核心关键词打造一套信任状，对产品本身进行再开发，完善产品科学，向消费者证明为什么"暖"。

感性视角：突出云耕物作创始人钟晓雨"为爱人做红糖"的故事，让用户感受到这个品牌创立背后的温暖故事。

设计风格上也要"让人感受到温暖"，还要不牺牲"颜值"，符合新消费群体的审美需求。

首先，为了凸显"暖"这个品牌与产品的关键词，我们为云耕物作设计了一个醒目的"暖"字符号（见下图）。

红、橙、黄都是暖色系，所以我们的设计使用了红色与黄色、橙色搭配，让顾客看到就感觉很暖。

最初在设计"暖"这个文字符号的时候，设计师给到了几种设计样式（见下图）。

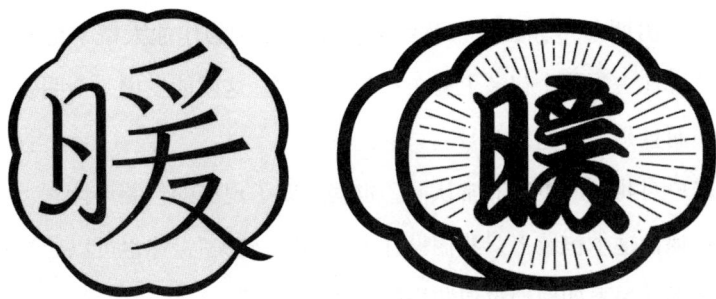

后来在与设计师沟通的时候我说："我们用的是最纯正的原料，

做最纯正的红糖，所以我们的字体设计就要堂堂正正，不要做这么多小花样。你看故宫太和殿的字，绝不会用这种字体，这种字体就是为了让人觉得有'设计感'做出来的花样，像个贵妃。我们不做贵妃，我们要做正宫娘娘，要皇后的感觉，端庄贤淑、母仪天下，这才是纯正温暖的感觉。"后来设计师更改了暖字的设计，如下图所示：

这个"暖"字，设计出来有两个作用：第一是直接暗示，不管是在超市货架上还是在电商搜索的预览图中，顾客看到就会觉得很暖，促进顾客购买；第二是设计了一种购买情景，比如你是女生，现在肚子痛，要男朋友帮你去买一款红糖姜茶，云耕物作他大概率记不住，你就会说你去买那个包装上有个"暖"字的。这就能发出一个明确的指示，而且是一个超级符号。

客户对我们的策略非常认同，也就成就了现在的包装设计。

在现在这个包装上，我们设计了 10 处"机关"，你也可以通过我的文字感受一下如何通过包装进行"产品体验"。

（1）我们设计了一个突出的"暖"字符号，将购买信号的刺激强度放大，让顾客看到就想买，因为买红糖姜茶的顾客最看重有没有

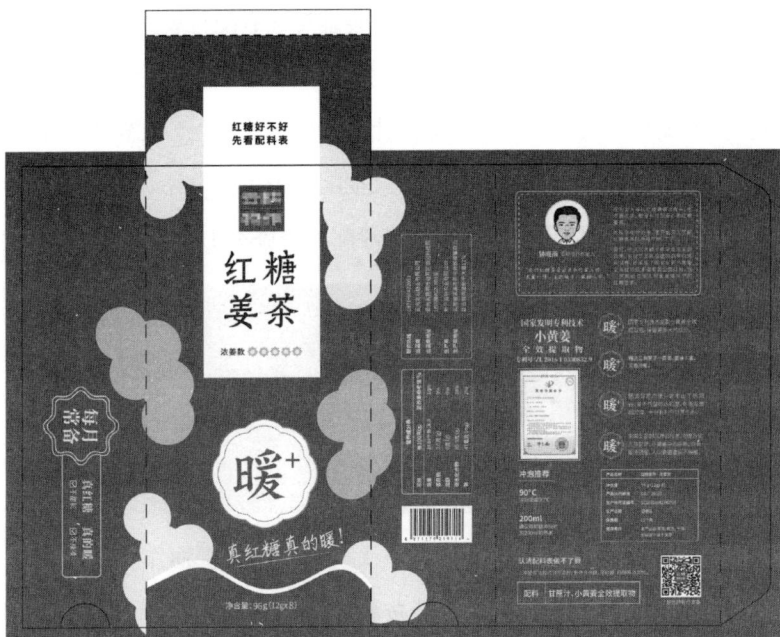

效果。

（2）我们创作了一句一看就能被打动、一听就能记住的口号，并直接放在包装正面：真红糖，真的暖。

（3）我们设计了一个简单的验证红糖成分的方案，让顾客相信这是"真红糖"。包装印上了一句话：红糖好不好，先看配料表。

后来许多主播在直播时就是按照我们的设计思路，直接拿其他红糖姜茶包装上的配料表给观众看。

（4）在包装设计上引导消费者的观看顺序。当消费者看到"先看

配料表"的时候，他自然而然地把包装翻过来看配料表，而大部分产品的配料表都是密密麻麻的小字。我们既然想让顾客来验证，而且云耕物作的配料表又非常干净，那为什么不把它放大呢？配料表一定要用那么小的字吗？不是，于是我们就把配料表单独设计，并把字放大，同时写上引导顾客理解的话术："认清配料表做不了假。"

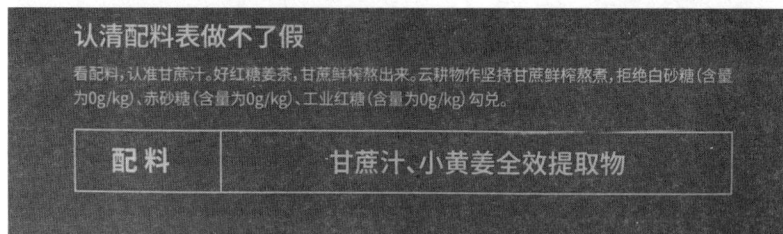

认清配料表做不了假

看配料，认准甘蔗汁。好红糖姜茶，甘蔗鲜榨熬出来。云耕物作坚持甘蔗鲜榨熬煮，拒绝白砂糖(含量为0g/kg)、赤砂糖(含量为0g/kg)、工业红糖(含量为0g/kg)勾兑。

| 配料 | 甘蔗汁、小黄姜全效提取物 |

（5）进一步为"暖"打造信任状。我们把云耕物作获得的国家专利证书放在包装盒背面，让消费者可以自行验证。云耕物作与一家拥有姜辣素提取国家专利技术的公司达成了合作，这项专利技术的研究者曾在中科院工作多年，是国际著名的天然产物研发与产业化专家。

（6）用四个"暖"字进一步打造立体信任状，让消费者明白为什么我们的红糖姜茶更暖，传递出更多企业优势和产品品质。这四个"暖"字，是对品牌的投资，是竞争壁垒，也代表着品牌真心诚意的价值观。

（7）把创始人的故事写在包装背后。创始人钟晓雨是从北大休学为爱人去做红糖姜茶的，这里面有暖心的故事，也在早期消费者中广泛流传，是重要的品牌资产，所以我们把这个故事在包装背面也写了出来。

（8）优化搜索。消费者对红糖姜茶是功能性需求，在搜索时会

暖 国家专利技术提取小黄姜全效提取物,姜味丰富,芳香浓郁。

暖 精选云南罗平小黄姜作为原料提取,小黄姜全效提取物(添加量:2.88g/96g),姜味醇厚,姜香馥郁。

暖 精选云南哀牢山干热河谷优质甘蔗,温差大,气候好,有利于甘蔗生长,甘蔗直榨提取甘蔗汁(添加量:140g/96g)。

暖 采用创新超压净滤技术,物理方式去除甘蔗、小黄姜中的杂质,没有姜渣残留,入口清甜不辣喉。

每月常备 真红糖　真的暖
☑不甜腻　☑不辣嗓

首先搜索产品类别"红糖姜茶",所以我们把红糖姜茶的品名进一步突出放大,降低消费者的搜索成本,让产品更易被发现,更易被买到。

(9)包装侧面提示"每月常备"。这向消费者再次发出行动指令,提升消费者的购买频次。

(10)用小太阳代表姜辣度,云耕物作对红糖姜茶做了姜辣度的不同区分,我们用几颗温暖的小太阳来表示。

得益于客户超强的执行力,这套包装思路也很快复用到云耕物作的其他拳头产品上,包括"蔗香红糖"、"雪梨红参红糖",从而进行了一次全面的包装更新。

升级之后,云耕物作的产品系列便可以互为广告,流量互通,卖任何一个产品都能促进其他产品的销售。消费者喝过云耕物作的红糖姜茶后感觉不错,基于这样的信任,就很容易跟着这样的包装去购买其他产品。最终,所有的产品都能串联起来,形成一个系统。

云耕物作从线上起家,电商是它的主销售阵地,而电商详情页就是它的销售主场。我们也规划了云耕物作的电商详情页,它依旧围绕"真红糖,真的暖"这个核心策略展开落地,充满底气、毫不迟疑地把这六字箴言做实做透。

在新包装投入市场,并且将"真红糖,真的暖"这个核心策略在电商详情页、直播、广告等主阵地充分贯彻执行之后,云耕物作的市场营销实现突破:广告点击率至少提升了30%,详情页端客户购买转化率提升了18%,总销量提升超过50%。2020年上半年,云耕物作已经成为天猫红糖姜茶品类第一名。

笔记 19

不要忽略产品使用说明书

大部分说明书的问题在于，它们都没怎么说明白。

我们已经讲了一大堆关于产品的话题，在产品这一部分的最后，我想聊聊产品使用说明书的问题。

一个周六的早晨，我起来给家里人准备早餐。我想早餐要略微丰盛一点，所以不仅煮了粥，还准备了牛奶、鸡蛋和蔬菜，煮了两根黑糯玉米。这个玉米据说本身就是熟的，每根玉米用真空内袋包装，两根玉米一袋。我看了包装袋上的说明，说只要把水烧开，不用打开玉米的真空包装袋直接投入开水中煮 10 分钟就可以吃了。我严格按照说明书去做了，但煮出来的玉米非常非常难吃。我又在蒸笼上蒸了 10 分钟，这时出锅的玉米香甜软糯，与刚才的口感简直天差地别。

会不会有消费者按照说明书去操作，然后发现玉米无法下咽就直接扔掉，再也不买了呢？很有可能。如果按照说明书操作之后没有成功，有做饭经验的消费者可能会尝试别的方法，但不常做饭的消费者可能就会困惑了，他们不知道该怎么改进这个糟糕的玉米，很可能会选择直接扔掉，下次再也不买了。你看，一个使用说明书的错误，让许多本可以复购的消费者流失了。

我们不能把消费者想得那么多才多艺，这会让产品经理陷入"知识的陷阱"，就是总觉得别人和他们拥有一样的知识。

最近几年开始流行的预制菜、方便速食，比如空刻意大利面、拉面说拉面、食族人酸辣粉、李子柒螺蛳粉，相对来说都是新产品，不像过去方便面那样普及，加工制作相对要复杂一点。所以，产品说明书一定要简明易懂，消费者才能在家里做出理想的口味，同时也就提高了商品的复购率。

我再举一个例子。

我是一个对车没什么兴趣的人，车对我来说仅仅是代步工具，至今唯一买过的一辆车是沃尔沃。我对车的知识所知甚少，买车后拿到的使用说明大概有200页，我真的没有耐心阅读这个说明书。我在一年之后才知道远光灯开关在哪里，我也不知道后视镜是电动的，每次都拿手掰后视镜，后来后视镜马达都被我掰坏了，花了6000多元换了一个新马达。修车师傅告诉我以后不要拿手掰后视镜了，因为它是自动的。其他比如座椅加热、前车玻璃除霜等功能都是经朋友提醒我才知道的。

汽车是个很复杂的产品，许多消费者都是第一次使用汽车，汽车的使用说明书又做得那么厚，让人没有阅读的欲望，那么能不能把重要和经常使用的功能做一个快速上手的使用说明呢？

比如一件家具，它的安装还是相当复杂的。对许多文科生来说，安装这件家具感觉像在组装火箭，有些消费者甚至连螺丝和螺母都搞不清楚。我见过写得相当简单的家具组装说明书，每个零件都标明序号，消费者组装就会更容易。说明书中写"5mm 自攻螺丝"就会吓退一半以上的顾客，但是你若写"5mm 自攻螺丝（标号为 3 ）"，这就容易多了。

我过去还使用过许多"创新产品"，有些是需要联网、下载 App 使用的智能产品，初次使用时操作之复杂、术语之艰涩，简直让人望而生畏，这里我就不再一一吐槽了。

产品使用说明看起来很简单，其实它关系到消费者的使用体验，关系到消费者的复购，也关系到品牌的口碑，值得每个公司重视。

怎么才能做好一份产品使用说明书？其实就要从消费者的角度，把自己归零成一个小白，看你怎么才能简单、流畅地使用这个产品。你也可以使用分组、标号、图示、视频、客服使用指导等各种手段降低消费者的初次使用门槛，提升消费者的使用体验。

当你回归到消费者的视角，一切从消费者的使用体验出发，那不管是产品设计还是产品说明书的制作，都会给消费者带来流畅舒适的体验了。

笔记 20

产品开发案例——搜狗输入法的产品逻辑与推广

刚才讲了许多实体产品的开发、包装和体验等问题,其实互联网产品也是产品,它同样要满足顾客的需求、提供顾客价值、实现良好的产品体验等。下面我们就聊一个互联网产品的开发故事。

2012 年,我离开熟悉的广告行业,和几个朋友一起创办了一家线上技能分享网站——第九课堂。从此,我算是真正进入了互联网这个领域。从第九课堂的创办到后来自己做公众号,以及在暴风影音的工作经历,让我对互联网产品有了更深入的了解。

暴风影音是一个典型的工具型产品,类似的还有猎豹清理大师、360 杀毒、腾讯电脑管家、迅雷、墨迹天气、锤子便签等。在个人电脑时代,电脑上安装量过亿的终端工具其实没多少,包括 QQ、360、迅雷、暴风影音、搜狗输入法等,这里我主要讲一讲搜狗输入法这个产品的故事。

大家都知道搜狗的原首席执行官是王小川,但搜狗输入法的真正发明人是马占凯，他也是搜狗输入法的第一任产品经理，被称为"搜狗输入法之父"。

马占凯从河北工业大学毕业后去了山西一家公司负责机械设计。后来感觉这个工作没有前途，他就在2005年8月辞职到了北京，想学编程，但编程最后也没有学成。那时候互联网圈子里有很多新闻，比如李开复加盟谷歌，雅虎、阿里巴巴合并，百度上市，等等，马占凯当时被这些大事件触动了，心中有一种莫名的兴奋，觉得人生好像会有很多机会。

马占凯做的第一件事情就是写了一封信给百度，说他有一个搜索引擎输入法的想法，但百度那边都是客服回复，说"谢谢您使用百度"。

马占凯提到的这个想法，是他在太原工作的时候就思考过的。当时他用紫光输入法，像周杰伦、张含韵、发改委之类的词都打不出来，泰坦尼克号也打不出来，马占凯很痛苦。他觉得搜索引擎应该是可以解决这个问题的，他知道搜索引擎的语义提示功能很强大，因为当时他用百度搜这些词的拼音，百度给出的提示字符串说明它有这个词库，所以他才会首先给百度写信。

百度对输入法这个错误的判断，并不是因为错失了马占凯提出的这个想法，而是对输入法没有产生足够的重视。即使在搜狗输入法上线后两年内，百度在输入法上也没有什么动作。

站在个人计算机互联网时代的角度看，马占凯认为这是百度一个很大的误判，因为作为搜索引擎，它的上游是浏览器，而浏览器的上游则是输入法。百度后来发现360用两个杀毒软件客户端就能换一个360安全浏览器的用户，搜狗用四个输入法客户端就能获得一个搜狗浏览器用户，而每两个浏览器就等于一个搜索引擎，因为总有一半的人分不清这些搜索引擎，他们不会改、不想改也不需要改。就像用网址导航的那些上网者，他们连网址都不会输入，也不会修改浏览器自带的搜索引擎。2008 年是 360 做搜索的那一年，百度跌了 1/3 的市值，就是因为 360 做搜索引擎特别赚钱。2015 年，搜狗单季收入已经超过 1 亿美元。360 浏览器起来之后，360 的网址导航也相当成功，用户流量和收入足以与当年的浏览器龙头 hao123 抗衡，这是一件特牛的事情。因为 360 是安全软件，它推荐一个更安全的浏览器顺理成章。

因为百度那边没有反馈，马占凯转而关注搜狐，开始给搜狐写邮件，说自己关于输入法的想法，最后居然顺利地进入了搜狗。但马占凯进入搜狗后整整两个月的时间里，公司里再也没人提起这件事，也没人推动这件事。

马占凯认为输入法绝对是个大机会，因为用户用 QQ 都要用到输入法，这应该是个国民级的应用。他开始收集关于输入法的数据，发现中国的输入法在当时的三大软件网站都有过亿的下载量，这是一个很惊人的数量。因为在当时的中国，电脑上工具类的客户端下载量除了 QQ 几乎没有过亿的了。我们在说做实物产品的时候，要选一个大市场进入，对工具类型的产品来说，这个市场规模可以简单地用用户量或者下载量来评估。那么输入法就是一个巨大的市场。

后来搜狐外聘了一个清华博士，让他先做一个输入法原型，做出来之后在公司的内测效果很好，然后就对外发布了，并命名为搜狗输入法。与当时所有输入法相比，搜狗输入法最大的改进就是提供了巨大的云词库。比如过去我们输入"科特勒"三个字，就需要分别输入 ke、te、le 三个拼音，并在每个拼音中寻找科、特、勒三个字。但搜狗输入法通过云词库和联想，可以让使用者仅仅输入"ketele"或者"ktl"就能获得想要的汉语词汇，这让输入法的打字速度提升了几倍，使用体验大大提升。

搜狗输入法对外发布后，马占凯正式成为这个项目的产品经理，一手做出了现在的搜狗输入法，从1.0版本一直做到3.6版本，做到了大概1亿用户和日均5000万个计算机活跃用户。

但发布后的第一年，搜狗输入法的下载量并不是特别乐观，当年市场份额只有3%。第二年，马占凯找到了一个互联网草莽时期特别有效的渠道：番茄花园。番茄花园是一个软件下载网站，成立于2003年，后来因法律原因被关闭。番茄花园网站当时的主要业务就是为网民提供某种计算机操作系统软件的下载，而这种计算机操作系统正是番茄花园通过修改Windows XP系统之后形成的版本——番茄花园版本。这个版本取消了微软的正版验证程序，并关闭或卸载了原版操作系统中一些不常用的功能，由此获得了大量用户。番茄花园版本通过内置和捆绑其他装机软件获利，操作系统捆绑后相当于是"系统自带"，这些软件的使用率和留存率都特别高，就像现在的手机内置App一样。搜狗输入法的初期用户，大多来自这里。

获得了初期用户后，第二年搜狗输入法的增长曲线就特别好，不管马占凯做什么，它都涨得很迅猛，今天搜狗输入法已经是国内常年排名第一的输入法了。

互联网工具型的产品，是自带传播和锁客能力的。

如果你的工具使用体验很好，那些早期用户中的KOC（关键意见消费者）或者KOL（关键意见领袖）还会极力向朋友推荐。如果这时候你设计出简单的分享方式，它就能获得快速裂变。

用户一旦使用，就会适应这个工具，如果这个工具还能形成一定的使用记忆和个性化，用户就很难离开它。比如浏览器，它会记住用户的常用账号密码，并且收藏了用户常用的网站地址，用户对它们就有了依赖性，很难切换使用另一个浏览器。

搜狗输入法没有这么大黏性，但它通过对用户常用词汇的个性化识别，也能形成一种习惯依赖，用户在使用之后也不容易离开。

锁客最强大的工具，是拥有网络效应的工具。比如微信，要想研发出一个类似于微信的产品，技术上并没有太大难度，难的是要把用户所有的朋友关系全部迁移过来，用户才可能使用你的工具，这种壁垒就是网络效应。

笔记 21

不要让方法论绑架商业逻辑

不要让方法论绑架你的商业逻辑。

开发一款产品，除了要思考产品本身，还有一个更基本的问题：一个品牌要不要开发这类产品？尤其是当这个产品原来并没有做过的时候。比如小米，原来主要做手机，那它要不要做电视？

定位理论对品牌延伸基本上持否定态度。《定位》的作者杰克·特劳特和艾·里斯最喜欢的是宝洁这样的公司，它把每个品类做成一个品牌，甚至一个品类还有细分的几个品牌。比如宝洁旗下拥有护肤品牌玉兰油和 SK-II，卫生巾品牌护舒宝，纸尿裤品牌帮宝适，剃须刀品牌吉列和博朗，牙膏品牌佳洁士，洗衣粉品牌汰渍，香皂品牌舒肤佳，口腔护理品牌欧乐 B，甚至在洗发水中拥有海飞丝、潘婷、沙宣、飘柔等多个细分品牌。

所以小米在早年开始涉足其他品类的时候有许多品牌专家提出过警告，认为小米做过多的品牌延伸会削弱它"高性价比手机"的定位。但是，几年过去，小米不再是高性价比手机的代表（2021 年年底雷军宣布小米将正式对标苹果），而且发展出了多种产品品类，同时还在 2021 年宣布造车。

那么，品类的延伸究竟是好还是不好呢？

商业上的事情没有什么标准答案，所有问题如果真有一个答案，那么这个答案就叫作"看情况"。情况不同，答案就不同。

虽然答案不同，但要不要进行品牌延伸却可以用一个条件来判断：品牌延伸会不会让企业经营提升效率、降低成本、获得优势。

洽洽瓜子在过去许多年里一直是瓜子的代名词。后来洽洽开发出其他品类，包括每日坚果。当时洽洽内部就很纠结要不要继续使用洽洽这个品牌名，因为洽洽的定位就是瓜子，所以不应该再做其他品类。如果要做其他品类，那就应该像宝洁一样重新做个品牌。

但问题是重新做一个品牌有可能卖不好，因为消费者不熟悉这个品牌，而带上洽洽就能卖得好，所以企业内部很纠结。当时洽洽一位高管问华杉老师："怎么才能解决洽洽在消费者心中是瓜子而不是坚果的定位？"华杉的回答很有意思："你做坚果呀。"

所以，洽洽每日坚果就沿用了洽洽这个品牌，而且在包装袋上将洽洽的品牌名放得更大。为什么？因为洽洽是个知名品牌，消费者知道这是洽洽的产品，那他们就更相信这个坚果的品质。结果洽洽小黄袋成为每日坚果这个细分品类的生力军。

讲到这里，我们来思考一个问题：洽洽做每日坚果是不是有效地提升了经营效率？是的。因为你不需要重新打造一个品牌，用洽洽这个品牌名降低了每日坚果的营销成本。

那小米为什么要做电视、加湿器、手环、电脑、路由器，甚至还有牙刷？很简单，因为小米是从线上起家，小米商城的成交量甚至能排进全球十大电商网站之列。小米拥有众多的线上用户和粉丝，这些粉丝大多数是理工男，如果小米只在自己的商城卖手机，而大多数人的手机几年才换一次，那这些流量、这些粉丝是不是就浪费了？所以小米开发了更多的产品，就有几百亿元的生意了。

小米做其他品类的逻辑是：提升小米商城单个用户流量的商业价值。你两年买一部手机，购买频次太低了，小米希望你每个月来一次也能有的买，因为小米也有别的产品。

如果能像宝洁那样，在多个领域拥有众多知名品牌，那当然最好。可是，打造一个新品牌是非常费钱且费力的。你不能只想着拥有一个新品牌的好处，却忘了打造一个新品牌的困难。况且，宝洁有180多年的历史，那么多品牌其实是企业发展过程中不断收购而来的。而且宝洁是个集团公司，旗下从来没有一个品牌叫"宝洁牌"。所以你不能只看一个企业今天的经营状况，却不理会它的发展历史。宝洁每个品类都有一个品牌，如果这些品牌当时就很有名，你改了反倒不合逻辑。

同样是体量巨大的快消品公司，雀巢就和宝洁很不同，雀巢2021年全球年销售额6000多亿元人民币，是全世界最赚钱的公司之一。雀巢最早就是生产婴幼儿食品的，后来它不仅卖咖啡，奶粉、米粉、巧克力、麦片、冰激凌、纯净水、威化棒等产品也都是雀巢的自有品牌。当然雀巢也有大量的收购案例，有些改名为雀巢，有些则保留了独立的品牌名字，比如中国的太太乐鸡精、徐福记。这里顺带提一句，星巴克的瓶装咖啡其实是雀巢收购并且经营的（Costa瓶装咖啡则是可口可乐的产业）。

雀巢一开始就有自己的品牌"雀巢"，当它收购某些业务的时候，就沿用了自己的品牌。但有些被雀巢收购的品牌已经非常知名了，改名反倒会提升营销成本，这种情况下就保留了原来的品牌名。

宝洁和雀巢都很成功，可是各自的路线不一样，因为每个公司的具体情况不同。所以你不能说多品牌就一定会成功，单品牌就应该只做一个品类，所有的情况，都应该"视具体情况而定"。

当然，有些品牌延伸确实会有问题。

比如五菱宏光，它长期给消费者形成的印象就是廉价的大众车型。如果五菱宏光要做一个高端豪华跑车，那它要不要用五菱宏光这个品牌呢？五菱宏光确实有品牌知名度，但它形成的品牌资产中似乎没有"高端、豪华"这两个关键词。品牌资产就是消费者对品牌的认知合集，这些认知能给企业带来收益，让企业的营销效率更高。如果五菱做高端豪华跑车，五菱宏光过去的品牌资产并不能为它的豪华车加分，那五菱的选择可能就是重新做一个高端豪华车品牌。当然从商业逻辑上来讲，五菱宏光去开发豪华车型也不是一个很好的经营策略。

再比如，如果丽思·卡尔顿要做一个像如家那样的经济型酒店品牌，同时继续沿用丽思·卡尔顿的品牌名，也会对丽思·卡尔顿这个品牌资产造成损害。因为丽思·卡尔顿向来以无微不至的服务、高级豪华的住宿环境著称，如果同时出现一个价格低廉、服务平平的丽思·卡尔顿经济型酒店，这家酒店不仅很难吸引它原有的客户，还会对它过去积累的品牌资产造成伤害。

尽管丽思·卡尔顿赫赫有名，但做一个经济型酒店，最好还是用另一个品牌名为好。

有时候，品牌可以延伸；有时候，品牌延伸则不太好。

总之，当一个企业要开发一个新的品类的产品，只需要思考和权衡两个问题：

第一，如果沿用原来的品牌，这个新产品是不是更好卖，营销成本是不是更低？

第二，如果沿用原来的品牌，这个新产品会不会对原有品牌资产造成伤害？

笔记 22

产品发展的两种思路：内卷与外卷

日本造神，美国造大师。

在产品开发上，日本和美国分别为我们提供了两种不同的发展
思路。

不用我提醒，你也能感受到日本的产品在细节上极度完美，使用
体验处处让消费者感受到用心。这种用心不仅体现在具体产品设计上，
还体现在服务的方方面面。

我去东京考察的时候听过一个事情：日本的癌症死亡率是全世界
最低的，但这并不是因为日本的医疗技术最好，而是因为日本医院的
医疗服务做得最细致。

日本号称"清扫立国"，日本人极其重视清洁卫生。日本也出现
了所谓"清洁之神"，日本人的整理收纳技术也是全世界第一。用时
下流行的一个词，可以说日本在每个产品和服务上都特别"内卷"。

日本产品在细节上的周到设计简直让人震惊。

比如一个类似"大福"一样的预包装食品，日本超市的货架上就

会把一个包装盒做成透明装，以方便消费者看清楚里面的食物。同时还要把食品切开做一个模型，让消费者知道这个食物的内部形态。

日本酒店的前台设计一般是有个台阶，低的那一端在客人一侧。为什么呢？因为一般客人都会背着包，来办理入住手续的时候把包放在台阶上就会很方便。这种设计我在中国和欧洲酒店里几乎看不到（亚朵有类似设计）。酒店的电梯会设计一高一低两套电梯按钮，因为要照顾小孩子的需要。酒店的楼梯扶手也是一高一低两层扶手，同样是方便大人和孩子不同的身高。

我有一次去超市买东西，给太太买了几双丝袜，结账的时候服务员就会向我确认丝袜的尺寸，这种服务细节你在世界上任何国家都看不到。欧洲、美国和东南亚地区的服务也很一般，欧洲和美国的服务甚至还不如中国。

随着国内竞争日益加剧，许多行业的产品设计也开始了"内卷"，这就需要企业对产品设计的不断细化和微创新。

北京有一家做包子的餐厅叫凤起龙游。他们的包子顶部有一个小孔，这个小孔恰好可以让顾客把各种调料直接倒进去，这样味道就能更充分混合，这就是一个非常好的微创新和细节改善（见下图）。

日本企业倾向于微创新和持续改善，这种"内卷"的结果就是日本往往出各种"神"："经营之神""清洁之神""寿司之神"等，但战略和技术的颠覆性不足，所以这种竞争是向内的。

美国企业当然也有微创新和持续改善，可是美国企业的竞争力主要来自颠覆式创新、高端技术和战略规划，至于产品和服务细节确实很粗糙。美国人擅长技术创新和战略布局，可以通过新技术打开一个又一个全新的市场，它的竞争是向外的。比如马斯克的特斯拉开创了

电动车的巨大市场，苹果直接颠覆了过去的功能机市场，在航空航天、生物育种、医药研发、基因技术、芯片技术等领域，美国几乎都是领先的，这就让它能够通过创新的产品赚取超额利润，也是美国保持国际竞争力的重要壁垒。

不论是日本的"内卷"还是美国的"外卷"，都是中国企业在产品开发中可以学习的。

亚都在加湿器领域之前的产品开发无非就是更换各种外形，那时候的加湿器使用有一个特别大的痛点，就是加水非常麻烦。如果加湿器没有水了，你需要把加湿器的盛水容器搬下来，然后调个头，把一个加水的盖子拧下来再去加水，过程复杂麻烦。可是传统加湿器厂家居然在十多年里都对这个"麻烦"熟视无睹。后来小米生态链的智米科技进入加湿器领域，一上来就设计出了可以直接向加湿器中倒水的产品结构，极大地简化了加水的过程。

我见过许多创业者做出来的产品，它们在细节上实在太欠打磨。比如有一个做餐具的创业者，他送了我几只小碗。这些小碗单只看确实很漂亮，可是它的设计没有考虑收纳的问题。如果你把几只碗摞起来，它们就非常不协调，这个器形设计就是没有考虑几只碗摞起来的情况。

这就是产品细节的设计，而细节的设计决定了消费者的使用体验。在这方面，我们应该向日本企业学习。

我和某个小家电品牌的创始人交流过，他向我描述过未来要开发的电动剃须刀、电动牙刷的概念，我听到了许多对目前剃须刀和电动牙刷颠覆性的改造设计，这才是一个新进入者最应该做的产品设计，而不是看到一个领域有机会，进去做了一个毫无区别的产品，只想靠一些营销技巧或者烧钱去拼市场，我认为后者是一种毫无技术含量的竞争和懒惰的创业思路。

这种颠覆式创新的产品是美国人更擅长的，也值得我们去学习。从这个角度来讲，我真心希望国内的高科技和互联网大厂能真正去做一些高科技的创新和设计，而不是去和蔬菜水果小贩抢生意。比起社区团购、生鲜电商、大米白面这些事情，我更加敬佩华为正在做的事，这才是大厂该有的责任和担当。

扫码收藏本章金句

第三部分

关于定价

产品皆需价格，
免费也是一种定价。

价格也是一种重要的产品特征

定价即创造。

接下来的大部分篇幅，我要讲讲 4P 中的定价问题。4P 是相互独立、完全穷尽的四个部分，但所谓相互独立并不是互相没有关联，其实 4P 是互相联系、相辅相成的。你做了一个非常高档的产品，那它的定价就不可能便宜，定价如果很贵，你的销售渠道就要配合（比如入驻 SKP 这种高档时尚百货），你的促销方法也要符合这种高级产品的定位。总之，你动了一个 P，其实另外 3 个 P 也需要相应改变。

外卖的兴起，就是为餐饮行业提供了一个新的渠道，那什么餐饮适合外卖呢？比如米粉就比面条适合外卖，所以想重点做外卖的商家就会开发更适合外卖的产品，它们的促销也会更多集中在外卖上，这就是一个相互影响的过程和联系。

我们刚刚谈了产品，也聊了许多产品的特征、功能等话题，其实产品本身还有一个特征，就是价格。价格与产品联系最紧密，甚至价格变成了产品很重要的一个部分，因为你要看一个产品，不可能不去看它的价格，甚至同样的产品，定价不同，就会影响消费者对它的价值感知和体验。

比如在一些测试中，实验者把相同的葡萄酒分别倒入不同的杯子，只是告诉顾客这两杯酒的价格是不同的，大部分参加测试的人会觉得价格更高的那杯酒更好喝。

顾客在日常生活中也形成了通过价格来判定一个品牌定位的习惯，因为价格是一件商品最直观的品质判断要素。中国有句老话，叫作"人不识货钱识货"，讲的是同样的道理。所以，价格本身就是产品的一个重要特性。有的时候，价值决定了价格；有的时候，则是价格决定了价值。

我有一个朋友，几年前创业做过一个奶茶店，他说能把奶茶做到比喜茶还好喝。这个朋友很靠谱，我相信他说的话是真的，但问题是，把奶茶做到比喜茶好喝其实并不难，但价格是多少呢？如果你比喜茶好喝，但比喜茶贵很多，那本质上没有什么竞争力，无非你用更好的、更贵的原料来做，这种"把产品做得更好"的思路其实会把许多创业者坑了。比如做奶茶这件事，产品更好，其实并不一定有竞争力，产品更好还更便宜才有竞争力。

同样的创业故事还有很多，比如有人觉得星巴克的咖啡品质并不好，他可以做更高品质的咖啡。这个思路就完全错了，有好多人都可以做出比星巴克更高品质的咖啡，但你的价格是多少呢？评论一家咖啡店的咖啡好不好不能只看品质，还要看价格，要看品质稳定不稳定。像星巴克这样开上万家门店还能做到品质恒定是很难的。所以开一家比星巴克更好喝的咖啡店未必是个好思路，但是开一家品质和星巴克差不多，但价格比星巴克便宜30%以上的咖啡店反倒是个好思路。

星巴克卖的不仅仅是咖啡，还有它的氛围和环境，你可以把氛围和环境去掉，只专注做咖啡就好了。

日本的 DOUTOR 咖啡店就是一个这样的品牌。星巴克在日本的单杯价格是 400~500 日元，DOUTOR 的美式咖啡一杯只有 220 日元；星巴克在日本有 1300 多家店，后起之秀 DOUTOR 有 1100 多家店。看到这里，你大概想到了国内的瑞幸和 MANNER 咖啡，瑞幸把咖啡的价格直接拉到 15 元以下，MANNER 的咖啡价格 10~30 元都有。品牌调性差不多，价格便宜一半，其实顾客没有那么多忠诚度可言，十几元的优惠，有时候就能把顾客的忠诚度买走了。没有气氛组没关系，没有座位也没关系，只要品质还好，打包带走就好了。

价格不仅仅是产品的一种特性，甚至还代表了产品的价值。最典型的是钻石，除了在工业上的应用，钻石本身在生活中是没有任何实用价值的，但钻石价格非常高，这种高价本身就是价值的一部分。

一个男孩爱上了一个女孩，但是怎么证明呢？除非面临一些重大考验，而生活中的重大考验太少发生了。那他就送一颗钻石给这个女孩子，这颗钻石本身并没有什么实际的用途，但它很贵。正是因为钻石很贵，还没有什么实际用处，这才证明了这个男孩的真心，因为他愿意花钱给这个女孩子买一个没什么实用价值的东西，这证明他是真的爱她。钻石，就是爱情忠诚度的"工作量证明"（Proof-of-Work，PoW），即使没有钻石，他也会找一个别的东西来证明自己对爱情的笃定。所以在这里，价格高就是钻石特性的一部分。

钻石为什么会这么贵呢？这又是另一个经典的营销故事。钻石比红宝石等宝石的历史要短很多，直到 100 多年前才开采出来，当时全世界只有巴西和印度发现了钻石矿，年产量只有几公斤，因为相对稀缺，那时的钻石价格高也情有可原。

1870 年，南非发现了一个巨大的钻石矿，产量以吨来计，全球钻石产量大增，价格很可能会面临雪崩。为了保住钻石的价格，一群钻石投资人合伙成立了一个公司，名字叫戴比尔斯，它控制了全球的钻石产量，通过控制钻石开采速度来维持钻石的高价。

戴比尔斯不仅在产量和价格控制上很成功，还发动了一场规模巨大的营销活动，那句经典的广告文案"钻石恒久远，一颗永流传"就是戴比尔斯的杰作。戴比尔斯通过与当时的电影明星合作，在新闻媒体上刊登报道他们的故事和照片，渲染名人送给爱人钻石的大小，强化钻石和浪漫爱情的联系，甚至还安排讲师去全国高中演讲，在那些还未到结婚年龄的女孩心里种下钻石代表浪漫爱情的信念。就这样，戴比尔斯通过大量宣传将钻石和爱情画上了等号，让全世界的人都觉得钻石代表爱情。

我们曾经做过一个进口的手工巧克力品牌。当时对 5 块盒装巧克力的定价是 299 元，这也是消费者比较容易接受的礼品装的价格。有一天，小米谷仓创业学院的一个朋友问我们的巧克力多少钱一盒，她听完这个价格后和我说："我们想给来谷仓讲课的嘉宾老师一份比较特别的礼物，我们这个获过奖的进口巧克力确实很合适，但唯一的不足是它不够贵。"你看，如果作为礼品，购买者选择的时候首先是给自己定一个价位段，他们需要在这个价格范围内寻找合适的礼品。请重要的客人吃饭，如果要喝酒，就要上 53 度的飞天茅台。喝茅台不仅仅是因为酒的品质好，还因为茅台的价格代表了请客者的心意。就像求婚的钻石一样，钻石的价格本身就是一种产品特性。

我们时常需要送礼，而作为礼物的商品，它的价格应该是越透明越好，这样送礼和收礼的双方都知道这份礼物的价值。过去常常有人送茶叶给我，但说实话，茶叶的定价太分散了，从几百元到几万元的都有，这就给送礼和收礼的人造成一种困惑：送礼的人不能表达心意的分量，收礼的人也不知道这个礼物的价值。所以小罐茶（每盒售价1000元）就特别适合作为礼物来赠送。

我们给一件商品定了价格，其实就确定了这件商品在这个品类中的定位。毕竟，价格是最容易识别的商品特性之一。对于一个行业或者品类的商品，我们通常会根据价格划分为五个等级，分别是奢侈品、高端品、中端品、低端品和超低端品。比如，两三万元的五菱宏光 MINI EV 就是超低端商品，劳斯莱斯幻影就是奢侈品，汽车价格带横跨几个数量级，而每个价格带有相应的品牌存在。

价格就是特征，定价就是定位，所以定价在营销实践中有着举足轻重的作用。

笔记 24

定价问题没有标准解法

营销理论的学习就像在游泳池中学游泳，你感觉也学会了。但市场其实是片大海，真到了大海里游泳，你面对的不仅仅是水，还有鲨鱼。企业经营的复杂性就在这里。

世界上最著名的投资人、巴菲特最重要的合伙人查理·芒格在《穷查理宝典》中讲过一件事，他面对一家美国知名大学商学院某个班级的学生问了一个问题："你们已经学习了供给和需求曲线，你们懂得在一般情况下，当你们提高商品的价格，这种商品的销量就会下跌；当你们降低价格，销量就会上升。对吧？你们学过这个理论吧？"他们全都点头表示同意。然后芒格说："现在向我举几个例子，说明你们要是想提高销量，正确的做法是提高价格。"

据说，学生们面对这个问题沉默了很久，后来在这 50 个学生中只有一个人能够举出一个例子，但这个答案也不是芒格最欣赏的那一个。

芒格在书中说，这个问题有四类答案。少数人知道第一类答案，但他们基本上不知道其他三类。下面是芒格给出的答案。

（1）奢侈品：提高价格能够改善奢侈品的"炫耀"功能。奢侈品提高价格之后，在某些存在炫耀心理的消费者看来，它的性能也随之改善了。此外，人们往往认为价格高等于质量好，这样有时也能促进销量的增加。

（2）非奢侈品：和上面提到的第二个因素相同，消费者看到价格更高的商品，往往不是认为它卖贵了，而是认为它拥有更好的质量。这种办法对那些耐用性的工业品而言尤为适用。

（3）提高价格，把额外的利润以合法的方式用于改善产品的性能或者改善销售系统。

（4）提高价格，把额外的利润以非法或者不道德的方式促进销售，比如说通过贿赂交易经纪人，或者其他对终端消费者有害的做法，例如开放式基金的销售回扣。（芒格说这个答案是他最喜欢的，但他从来没有听到过。）

芒格还讲过一个他朋友比尔·伯尔豪斯的真实经历。比尔曾经担任贝克曼仪器公司（Beckman Instruments）的首席执行官，这家公司生产一种复杂的产品，这种产品如果运转失灵，就会给客户带来重大损失。它不是油井底的泵，不过你也可以把它当成油泵理解。他的产品虽然比其他公司的产品更好，但销售情况却很糟糕，他后来发现了销售不好的原因：他们公司这种产品的售价太低了。售价不高，会让客户觉得这是一种劣质产品。最后他把价格提高了大约20%，销量立刻就上去了。

读完这两个故事，我们接着聊4P中的定价问题。

定价是我最不确定的一件事，我只有对定价的一些认知，但没有确定的答案。因为它太复杂，似乎很难找到一套统一的理论来讲关于定价的问题。有时候，定价似乎越便宜越好，因为像小米这样的企业就是通过超低价格杀进了手机市场，并且成了全球手机市场中重要的玩家。有时候，定价却并不是越便宜越好，比如经常有客户和我说小马宋咨询的报价太低了，如果咨询公司报价很低，他们就会怀疑这家公司的专业能力。

有时候我们说一件东西"值"多少钱，其实就是在讲关于定价的话题，可是一件商品究竟值多少钱真的有标准答案吗？真的没有，相信我。因为一件东西的价值真的很难衡量。我学过政治经济学，政治经济学说价值就是在一件商品中包含的无差别的人类劳动，这个说法非常简洁，而且乍一想真的是这么回事。在做了这么多年营销工作之后，我发现商品的价值几乎是没有固定标准的。在我们公司办公的北京市东城区箭厂胡同 22 号这个创业园子里，有一家叫"翰林书院"的餐厅，它紧邻北京国子监，是一个四合院式的院落建筑。这家餐厅只提供套餐，不能单点，人均套餐从 900 元到 1800 元不等，那么请问：人均 1800 元的套餐和人均 900 元的套餐相比，前者的价值是后者的两倍吗？如果你去海底捞吃一个 180 元的火锅，那么请问翰林书院的 1800 元套餐是海底捞火锅价值的 10 倍吗？我的回答是，我不知道，因为你根本就没办法准确衡量它们的价值。

价值都没法准确衡量，那该怎么定价？

价格的复杂性还不止于此。普通人看到的商品价格一般都还是固定的，如果你是一个公司的原材料采购经理，你就会知道世界上的原材料报价是以天甚至小时和分钟为标准的。石油、矿石、水果、粮食、钢材、塑料、芯片、船运、集装箱等的价格都在实时变化，许多金融资产的价格更是以毫秒来显示。

关于价格，我们会面临无数种真实的商业情景，而几乎每个情景都是一个棘手的问题，这才是关于定价真正复杂和困难之处。

比如，一个品牌尝试一次降价促销之后，它发现效果非常好，那还要继续降价促销吗？可是顾客会慢慢养成习惯，就等着你打折促销才买，不打折我就不买了，这个品牌该怎么办呢？假如有一个品牌，既有线下也有线上的销售渠道，但是线上销售搞活动促销就比较多，经常比线下价格便宜，你该怎么管理呢？直播带货很火，可是主播们都要求品牌提供史无前例的低价，但是品牌这么做会不会伤害其他渠道的销售呢？拼多多早期为了获得客户，长期用各种知名品牌的超低价格来吸引流量，这就会让顾客对品牌价格形成误解，也会扰乱品牌的定价体系，你要怎么去处理呢？行业内突然进来一个"疯子"，就是要用血亏的方式起盘，你跟进就会亏，不跟进客户就会跑到对手那里，你有什么办法吗？

再来思考一个问题：特斯拉的降价有没有伤害到它的消费者？

特斯拉在进入中国后就不断降价，当然它降价的原因有很多，比如有可能是因为量产之后制造成本大幅度降低，也有可能是为了打压中国的造车新势力，这个降价原因倒不是我要讲的重点，重点是，特斯拉在顾客眼里究竟值多少。

最新的特斯拉有更好的配置，价格却比之前降低了许多，以前购买特斯拉的用户就觉得买亏了。但问题是，当年他们争先恐后地去购买的最新款特斯拉，是花更多的钱购买的，他们现在也觉得很值得，不是吗？这里还有一个并行的问题，就是购买手机的顾客现在都知道，未来的手机配置会更高，性能会更好，而价格可能会比现在更低。但是他们居然可以接受，你说这神奇不神奇？

顾客真的能判断商品的真实价格和价值吗？答案是，不会，因为商品的价格和价值本身就没有固定的判断标准。我说这些情况就是想告诉你，定价这个问题太复杂了。

定价问题的复杂，本质不在于它的难度有多高，比如一道奥数题或者一道至今未解的数学难题，它可能真的很难，但是它是有标准解法的。定价的问题难就难在没有标准解法，这就像你的女朋友刚买了一件新衣服，她穿上之后问你好不好看、感觉怎么样，这个问题看起来难度不高，但是它极其复杂，你的答案需要考虑多种因素，而最大的问题是你根本不知道最重要的因素是什么。

笔记 25

三种定价策略——基于顾客价值、竞争与成本

找对象没有绝对的标准，它的各个要素之间具有很大的弹性，定价也是。

虽然定价问题很复杂，但我还是希望能提供一个基础的定价思路和思考框架。

有三种影响定价的因素，它们分别是成本、对顾客的价值、同行或者竞争对手的价格。这也就是科特勒讲过的基于成本、基于顾客价值、基于竞争的三种定价策略。

1. 基于顾客价值的定价策略

假设完全没有竞争，对顾客的价值就是产品定价的上限。比如国家电网的电价，理论上来说是没有竞争的，所以顾客能感受的价值就是电价的上限。你可能想到了，电对每个顾客的价值其实是不一样的，所以电价并没有理论上的完美上限，电价提升只会让一部分顾客减少

用电。每个顾客对一度电的估值不同，如果价格超过了顾客感受到的价值，他们就会减少使用或者寻找可替代物。如果电价过高，许多使用者就会减少或者放弃使用空调。如果电价进一步提高，使用者可能连灯都不开了，他们会购买蜡烛或者自发电。之后我还会讨论一个汉堡对顾客的价值问题，并由此诞生了许多定价策略。

苹果手机定价非常高，苹果公司的利润也相当高，可以说，苹果的定价已经脱离了基于成本的定价方式，它是以顾客的感受价值定价的。

顾客的感受价值，与成本有时候没有特别大的关系。

举个例子，鸡肉的批发价格与牛肉相比差3~5倍，但餐厅里以鸡肉为主要原料的菜和以牛肉为原料的菜价格不可能差3~5倍。比如汉堡王的鸡腿汉堡和牛肉汉堡，价格差异其实不大，但成本差别其实挺大的。虽然在顾客感知中牛肉确实比鸡肉要贵，但不会有那么大的价值差异，这就可以利用顾客的感受价值来赚取利润。

不同文化对不同商品价值的评估也是不一样的。中国人喜欢玉，有这样的文化传统，但西方人对玉石就没有认同，认为就是一块漂亮点的石头而已，所以有人就在西方国家收玉器然后带到国内来卖。

2. 基于竞争的定价策略

企业在市场中竞争，定价就要考虑竞争问题。如果产品没有差别，理论上来说，竞争对手的定价也决定了你价格的上限。但现实生活中其实价格没有这么简单，因为即使是一卷卫生纸，在纸质、手感、使用便捷性、购买便利性、客户服务、品牌感受、包装材质等各个方面都可能产生差异，所以完全相同的产品几乎是没有的。

但是，即便没有完全相同的产品，竞争对手的定价也会对你的定价产生非常大的影响。在整个世界商业史上，价格的竞争几乎一直都在发生，而中国互联网行业在价格上的竞争尤其剧烈。早年的"千团"大战、电商大战、共享单车大战、滴滴出行和优步的血拼都是典型的例子。2020年由于新冠肺炎疫情导致的在线教育市场大爆发，众多玩家进来抢市场，猿辅导、作业帮、学而思、高途在线、新东方等大玩家在价格上简直就是血拼，各家被竞争逼迫得几乎就没有考虑过成本因素。如果不是2021年监管部门出手管理，这场大战还不知道会如何结束。

如果对手的价格是稳定的，那你相对比较容易定价；如果竞争很激烈，价格在不断变化，那你就很难预测竞争对手的反应。如果对手的反应和你预期的不一致，你就得不到想要的结果。德州仪器在计算器定价上的预判失误就是一个重大的定价战略错误。

20世纪60年代，波士顿咨询公司率先发现了经验曲线现象并提出了这个概念。经验曲线其实是美国企业界普遍存在的一个现象：公司产品的生产成本会随着企业成立的时间和市场占有量的提升而下降，然后就会形成对同行的成本优势，这可能是因为规模效应，也可能是因为积累的行业经验提升了生产效率。

今天看这个概念，我们很容易理解，但放在当时，企业家似乎并没有发现这个现象，大多数厂商一般会认为大家的生产成本是相同的。商业经营的成功本质上其实是因为企业或者品牌在竞争中取得了竞争优势。而认知优势就是一种巨大的优势。这就像一个探索游戏，别人是在探索地图，而你早就知道宝物在哪里了。

后来波士顿咨询公司凭借经验曲线和波士顿矩阵两个工具在战略

咨询界"封神"，成为世界著名战略咨询公司。对客户的服务，波士顿咨询公司的早期典型策略是：先设定一个市场占有率的目标，通过经验曲线来预测企业生产成本的下降幅度，然后直接降价到预期的生产成本附近，这样就等于是用未来的生产成本定价，然后用低价与市场上的同行竞争。当同行还是一脸蒙的状态时，企业已经快速占领了大部分市场。因为市场份额扩大，导致成本降低，达到了一个同行无法企及的低成本状态，如此基本就可以驱逐同行了。

波士顿咨询公司凭借经验曲线创造了一系列咨询战绩。

1970 年左右，波士顿咨询公司为德州仪器做战略咨询。那时德州仪器正在生产计算器，而当时的一台计算器的价格高达 400~500 美元。波士顿咨询公司预测随着市场份额的上升以及技术的进步，计算器未来的价格会降到 10 美元左右，所以波士顿咨询公司建议德州仪器采取激进的定价策略大幅降低售价，并随着销量的提升逐渐向 10 美元一台的价格靠拢。当然这个策略看起来非常有效，德州仪器计算器的销售量一路飙升，据当时波士顿咨询公司的某些咨询顾问回忆，其销售量增长有时会达到每月 40% 的水平。德州仪器的计算器在 1971 年售出 300 万个，1973 年时售出 1700 万个，1974 年售出 2800 万个，1975 年售出 4500 万个，其年销售额最终也达到 1 亿美元，差不多占公司总收入的 1/10。成本和价格也按波士顿咨询公司的预期下降，德州仪器在计算器市场中占据了绝对主导地位。

然而这只是一个看起来美好的结果。

因为波士顿咨询公司预测错了一件事，那就是竞争对手的反应。因为当时经验曲线的概念还少有人知道，也极少有企业会根据降低后的价格预测未来的销量和成本结构，所以当一家企业把价格降低到现有成本之下，同行很少能看懂这家企业想做什么，结果就导致把大量市场份额让给降价的同行。当降价的同行获得大量销售订单的时候，它们的成本就开始下降，从而达到一个极具竞争力的水平，这时候其他同行就只能退出竞争。

但是，德州仪器的同行却没有这么想。其竞争对手并没有知难而退，在看到计算器市场的迅猛增长后，美国国家半导体和罗克韦尔半导体等新公司都陆续加入这一业务的竞争之中，有些竞争对手直到后来也没有把市场拱手让给德州仪器。1974年美国经济进入衰退，计算器市场增长放缓，许多企业的产品价格最终也达到了德州仪器的水平，接着这些企业就展开了一场血腥的价格战。到1975年，计算器价格雪崩，德州仪器的库存大幅贬值，公司在一个季度就亏损了1600万美元。

德州仪器的例子有点极端，但根据竞争对手的价格水平来定价的方法和思路却是必要的。企业不太可能处在一个垄断市场上，消费者购买时也会考虑其他产品的价格，所以产品的定价不可能脱离对手的定价而独立存在。任正非在一次答记者问的时候，提到苹果是一家非常伟大和值得尊敬的企业，他说如果苹果降价销售，其他手机品牌都会死掉，但苹果定价很高，有足够的利润空间，这让其他品牌也有生存空间，这是一种利己利他的智慧。

但我们在国内看到的就不是这样一种景象，每个品牌似乎都想做老大，还老想着消灭老二、老三，尤其是拿了投资的新品牌，关注份额甚于关注利润。其实除了少数领域，市场上是需要并存多个竞争者的。国内有些企业，如果它在定价上损人利己我还可以理解，有些企业既损人又不利己，我就很难理解了。一个行业的正常运行，最好是在保持一定利润的条件下在其他方面展开竞争，比如产品特色和服务优势等。

当然，能统一认识到这个问题的企业不多，所以许多行业常常是血肉横飞，当大家都意识到这个问题，才会慢慢改变竞争方式。它的难点还在于，只要有一家"愣头青"企业不守规矩，整个行业就会特别难受。

我遇到过两位创业者，他们在山东做成人用品。刚刚进入这个市场的时候，他们发现通过外卖可以卖成人用品，而且利润很高。为了提升销量，他们做出一个决定——降价促销。结果，这个决定导致济南市场的成人用品外卖商家集体降价竞争，最后不仅谁都没得到好处，还让整个行业的利润大大降低了。他们最后也很后悔。

所以看一个行业是不是好行业，我认为有一个因素要考虑，就是这个行业的价格会不会持续提高。比如高端白酒就是一个价格会不断提升的行业，过去这么多年，从来没听说过茅台要降价促销占领市场份额的。如果茅台带头涨价，五粮液、泸州老窖、郎酒会说"好，我们也涨价"。

20世纪90年代开始的几十年，啤酒行业就一直在打价格战，有时都2元一瓶了，瓶盖上还有"再来一瓶"的兑奖码，所以这个行业各家企业只能死扛着，不断通过降低品质来控制成本，整个行业都不好。后来市场上的玩家可能意识到了这个问题，现在纷纷开始做高端、精酿啤酒了。

3. 基于成本的定价策略

正常情况下，成本是产品价格的下限，除非企业有特殊目的，否则一个企业不可能长期以低于成本的价格来销售产品。基于成本的定价，在大宗商品交易中比较常用。在 2C 的商业经营中，很少有仅仅根据成本来定价的，大部分还是基于竞争和顾客价值来确定价格。

反倒是在真实的商业竞争中，许多企业是基于定位和竞争来确定价格，然后再基于价格反推成本。蜜雪冰城目前有超过 13000 家门店（数据来自 2021 年 7 月 7 日窄门餐眼），也是中国奶茶品牌中门店最多的品牌。蜜雪冰城定位在低价奶茶，全国非一线城市门店只做 10 元以内的产品。

基于这个定位，蜜雪冰城的产品开发首先考虑的是价格，然后根据价格反推可以使用的原料，一般不会在现有供应链之外再去寻找新原料，这样就能保持极低的原料成本，从而维持低价的竞争能力。蜜雪冰城的核心竞争力是低价，但不是很好喝，如果你想好喝就应该买喜茶。蜜雪冰城的竞争力是相对好喝，但绝对低价。只要维持这种品质和价格，新进入者就很难在盈利的情况下与蜜雪冰城进行竞争。它不是基于成本来定价，而是根据市场定位和竞争状况来确定价格，用价格倒推成本，然后根据成本来研发新品。

笔记 26

当价格上涨 5% 会发生什么？

定价的威力常常被我们忽视了。

价格，就是消费者为购买一件商品或者服务要支付的货币的数量。

任何一件商品都会有一个价格，即使是免费的，它也是一种价格。而确定一件或者一系列商品在一个时间周期内不同情况下的价格，就叫作定价。为什么要把这个定义写得如此啰唆呢？就是因为定价很难简单地说清楚。比如，飞天茅台多少钱一瓶？这个答案就很难简单地回答。2021 年，茅台酒厂对飞天茅台的官方指导价格是 1499 元，茅台给经销商的出厂价是 969 元，但是你能用 1499 元的价格买到飞天茅台吗？不能。因为一般终端网点的售价都是 2500 元左右。一般电商平台还会用 1499 元的茅台价格来吸引客流，能不能抢到则是你的运气。同时回收市场对不同年份飞天茅台的定价也不同，比如 2001 年产的飞天茅台，回收价格是一瓶 5000 元左右。你看，你根本就没法准确地说出一瓶飞天茅台的价格是多少。

你可能说茅台太特殊了，普通商品就不会这么复杂。不是的，事实上普通商品的价格也很复杂。比如一卷卫生纸，你平时在超市买是一个价格，超市做活动是一个价格，买一包十卷是一个价格，社群团购、拼团、"双十一"等价格又会不一样。所以你并不能准确地说出一卷卫生纸的价格，你只能确定地说出某个时间、某个渠道、购买一卷某某牌卫生纸的价格是多少。

简单地说，如果企业的存在就是为了追求利润，实际上只有三个可测量的因素对企业利润有影响，它们分别是：价格、销量、成本。因此，利润公式是这样的：

$$利润 =（价格 \times 销量）-成本$$

公式中的价格，是对企业利润影响最大、最敏捷的因素。因为销量的提升受制于许多因素，成本的下降短期内也无法达成，价格却是在一秒钟之内就可以改变的因素。比如线上商品的价格，你可以随时调整，目前有不少线下门店采用了可以由总部直接控制的电子屏菜单，配合统一的收银系统，可以瞬间实现提价或者降价促销。不但如此，价格的改变可以对销量产生可观的影响，但销量反过来对价格没有太大的影响力。

假如你开了一家奶茶店，为了计算方便，假设你只销售一种珍珠奶茶，每天的固定成本（包括店租、人工和机器折旧费用）总计是1500元，每杯珍珠奶茶定价10元，原料成本5元，平均每天销售600杯，这家奶茶店的利润如下：

$$（10 \times 600）-1500 -（5 \times 600）= 6000 -1500 -3000 = 1500（元）$$

营业利润率就是 25%。如果要提高这家奶茶店的利润，那就只有三种办法：提高价格、降低成本、提升销量。现实中这三种情况可以并列发生，当然你很难既提高价格，又提升销量，还同时降低成本。我们现在来看三种简单的情况。假设固定成本不变，分别是单杯价格提高 5%、单杯奶茶原料成本降低 5%、销量提升 5%，同时假设这几个因素的变化对其他因素的影响可以忽略不计，利润会怎么变化？计算结果如下表所示。

	利润影响因素		利润		利润提升幅度
	之前	之后	之前	之后	
价格	10 元	10.5 元	1500 元	1800 元	20%
单杯成本	5 元	4.75 元	1500 元	1650 元	10%
销量	600 杯	630 杯	1500 元	1650 元	10%

可以看到，价格提高 5% 之后，奶茶店一天的利润提升了 20%，而提升 5% 的销量或者降低 5% 的单杯原料成本，利润提升的效果却差了一半。我们这个简单计算中，奶茶店之前的纯利润高达 25%（1500 元 ÷6000 元），这在餐饮品牌中算是很高的纯利润。海底捞 2019 年的主营利润率是 11.98%，这是一个行业内比较正常的利润率，如果我们以 10% 左右的利润率来计算，提价 5% 对利润率的影响会更大。

现在假设每天的固定成本费用总计是 2400 元，每杯珍珠奶茶定价 10 元，原料成本 6 元，平均每天销售 800 杯，这家奶茶店的利润如下：

$$(10 \times 800) - 2400 - (6 \times 800) = 8000 - 2400 - 4800 = 800 \text{（元）}$$

营业利润率是 10%，这符合正常的餐饮企业利润率。

我们再改变一下影响利润的三个因素，计算结果如下表所示。

	价格影响因素		利润		利润提升幅度
	之前	之后	之前	之后	
价格	10 元	10.5 元	800 元	1200 元	50%
单杯成本	6 元	5.7 元	800 元	1040 元	30%
销量	800 杯	840 杯	800 元	960 元	20%

在正常的企业经营中，只要企业能在不影响销量的情况下略微提高价格，企业利润就可以大幅增长，而且价格是在影响利润的三个要素中最简单、最快速、最有效的调节要素。因为要想提升销量，企业必然要配合做一些推广活动或者其他改变，要想降低成本，也不是一时半会儿可以做到的，只有调整价格可以瞬间做到。

有人基于美国《财富》世界 500 强企业 2015 年的利润率做过一个假设，如果这些企业能将自己的产品价格平均上调 2%，而且保持销量和成本不变，那么整个世界 500 强企业的利润率将大幅提升。最夸张的是亚马逊，如果亚马逊能在保持销量不变的情况下将所有商品价格平均提升 2%，它 2015 年的利润将会增长 276.2%。本田汽车可以将利润提升 65.2%，惠普的利润可以提升 37.9%，即使是利润极高的苹果公司，也能将原有利润提升 6.7%。

也就是说，价格的提升相对利润来说是一个巨大的杠杆，价格的微小变动就会造成利润的巨大变动，而且利润率越低的企业价格变动的杠杆越大。最重要的是，这种价格的微调是在消费者几乎没有察觉的情况下进行的。

我们假设刚才奶茶店的第二种情况，原来奶茶的售价是 9.9 元，提价 9 分钱到 9.99 元，价格提高只有 0.9%，这种提价顾客几乎是感受不到的。代入公式计算一下就知道，奶茶店的利润会从 720 元提升到 792 元，利润率居然提高了 10%。

这真是神奇的定价魔术啊！

笔记 27

图书价格、公众号打赏与消费者剩余

你永远都不可能搞清楚一本书究竟值多少钱。

图书行业的定价逻辑是什么呢？说起来有点搞笑，基本上是按照图书印刷的页数来定价，或者说是按照印刷一本图书所耗费纸张的成本定价的。我在写这部分内容的时候，书桌上放着一本 2015 年版的《市场营销》，作者是著名营销大师菲利普·科特勒。这本书正文 612 页，平装版，大 16 开本，字数约 92 万，定价 79 元。另一本是 2016 年版的《华杉讲透〈论语〉》，正文 678 页，平装，16 开本，字数约 69 万，定价 68 元。这大概就是图书的定价逻辑，后来出版的图书因为纸张、人工涨价，定价可能会略微高一点，不过依然还是"卖纸"的逻辑。

如果有一本书你想卖贵一点怎么办？那就出精装版，用彩色印刷，用更好的纸张，这样读者就会觉得这本书应该更贵一点。虽然图书产品的核心是图书的内容，可图书的定价基本和内容好坏没啥关系。

问题是，图书的价值，最重要的不正是图书的内容质量吗？一本书如果写得好，它并不能定更高的价格。你写得好，卖得就多，版税就更高，但基本上你不会因为写得好就能卖出一个更高的价格。

那图书的价格为什么不能根据内容质量定价呢？不是他们不想，而是没法这么定。因为一本图书内容的质量根本就没有固定的评价标准，但是印刷成本是可以计算的，所以图书还是在"卖纸"，纸多就贵一点，纸少就便宜一点。这也会导致有些图书在设计上取巧，比如把字印大一点，把行距放大，把页边距变大，总之就是在字数有限的情况下，让这本书页数变多，这样就能卖更高一点的价格。

图书这种定价方法就是典型的成本定价法。它不是根据给顾客带来的价值定价，因为那样定价非常难。

一本书，对不同的读者来说其实价值是不同的。比如我的第二本书《朋友圈的尖子生》，有的读者读完评价说这本书价值百万，而有些读者读完就没那么大的感受，感觉就是看了几个人的故事而已。那么，图书能不能根据对不同读者的价值来定价呢？很难，但也不是完全没有办法，我就想到了一个办法。

我在《朋友圈的尖子生》这本书的后记中放了一个收款二维码，提醒读者如果看完这本书觉得特别有启发，可以给我打赏。所以这本书出版后几年内，我还陆续收到一些读者的打赏，有位读者甚至给了我 888 元的一次性打赏。你看，我就是通过这种打赏机制，为图书的定价增加了一种根据顾客价值定价的方法。

我在得到做顾问时和脱不花讨论过这个问题。你可能知道，得到推出的第一个付费专栏是《李翔商业内参》，当时定价 199 元，所以后来得到出的所有专栏都定价 199 元。但问题是，每个专栏的价值是相同的吗？你要问当时 199 元的价格是怎么确定的，其实也没那么复杂，当时大家商量了一下就定了。

所以后来得到推出了打赏功能，如果你听完一节课觉得收获很大，你是可以给讲师打赏的，这同样是把定价权交给了消费者，也就是按照顾客价值定价。所以我认为公众号打赏是一个非常重要的功能创新，虽然它的诞生未必是因为"定价，"但它确实创造了一种按照顾客价值定价的方式，让内容创作者获得了更多的收入。

真实的商业运行中，单纯按照顾客获得价值定价的情况并不多，因为即使是同样的商品，每个顾客感受到的价值也是不同的。这里就有了一个经济学概念：消费者剩余。

什么叫作消费者剩余呢？

比如得到的一个专栏统一定价 199 元，可有人觉得这个专栏对他来说至少价值 1000 元，那么在这个交易中，801 元就是这个顾客的消费者剩余。所以这个专栏定价只要不超过 1000 元，这个顾客都会愿意掏钱买它。理论上来说，商家只要知道这个商品为消费者带来的价值，他们就可以通过调高定价来减少消费者剩余，从而获得更高利润。这几年经常议论互联网"杀熟"，你会发现不同用户看到的价格是不一样的，那些付费意愿强、付费能力高的用户，可能会看到一个更高的价格。其实这就是商家在定价中根据这个顾客的消费能力和消费意愿来抬高价格，降低了顾客的消费者剩余。

不过我们不要被消费者剩余这个名字误导，其实在交易中商家和顾客都存在"剩余"。仍然以得到专栏举例，199 元的价格，如果有人觉得这个专栏对他来说只值 99 元，199 元他是不会买的，那得到能不能以 99 元的价格与他成交？虽然实际操作不太现实，但理论上来说得到复制一份电子专栏的成本接近于零，所以得到卖 99 元也不亏。假设得到一门课的成本（包括制作人工、讲师版税等）是 90 元，那么卖 99 元它也不亏，只要售价高于 90 元，得到在交易中就有商家交易剩余。所以消费者剩余的概念本质上应该叫作"交易者剩余"，它对卖家和买家是同时存在的。

如何最大程度地榨取消费者剩余，也就是以顾客感知的最高价值成交？拍卖就是这种极端的定价方式。拍卖中每一位顾客都会根据自己认为的拍品价值出价，直到出现全场最高价为止。这时候我们可以认为，这次交易中这件物品的价格已经达到顾客价值的极限，也就是顾客的消费者剩余为零，而拍卖者获得了最高的卖方剩余。

目前最普遍采用这种定价方式的是各个互联网的广告竞价系统，百度的关键词、阿里巴巴的神马搜索都是以这种方式投放关键词广告的。

市面上系统讲定价的书并不多。尽管定价是 4P 营销框架中的重要 1P，科特勒的《市场营销》中对定价的阐述也不多，书中讲的三种基本的定价策略是基于顾客价值、成本和竞争。科特勒自己在书中也坦承，这些策略说起来简单，但在具体执行中相当具体而且困难，因为需要考虑的因素太多了。

比如基于顾客价值来定价，书中举了百达翡丽的例子，说百达翡丽并不是基于成本来定价的，而是基于顾客感受的价值。但是这个成本指的只是百达翡丽的制造成本，如果你要综合考虑百达翡丽在整个生产和销售中的成本，那就是另一回事了。为了维持百达翡丽奢侈品的形象，百达翡丽的办公场所、专卖店或者柜台、广告代言人、广告媒体等几乎都是最贵的，而且每一位顾客感受到的百达翡丽价值也都不同，所以你要说百达翡丽是以顾客价值为基础的定价，我也不能完全同意。

　　我们在给客户咨询服务的过程中，通常要综合考虑多种要素来为客户提供定价的建议。

笔记 28

一个汉堡的定价 "诡计"

商业世界中的一道计算题，会有多种答案。

现在，你可以准备一支笔和一张纸，来计算一个简化了的商业定价问题，它的题目是这样的：

假设你开了一家餐厅，只卖一种汉堡，而你的餐厅一天只会进来四个顾客（准确地说，这四个顾客代表的是四种类型的顾客）。他们每人能接受的汉堡最高价格是不一样的。

第一个顾客对汉堡愿意支付的最高价格是 25 元，第二个顾客是 20 元，第三个顾客是 15 元，第四个顾客是 10 元。

如果定价低于或等于顾客的最高承受价格，则会成交；如果高于顾客的最高承受价格，则顾客会流失。一个汉堡的成本是 5 元，如忽略房租、人工等成本，请问怎么定价才能获得最大利润？

如果这仅仅是一道算术题，这个答案其实很简单。

定价25元，只会有一个顾客成交，利润是：$25-5=20$ 元。

定价20元，有两个成交，利润为：$(20-5)\times2=30$ 元。

定价15元，有三个成交，利润是：$(15-5)\times3=30$ 元。

定价10元，四个顾客都会成交，利润是：$(10-5)\times4=20$ 元。

当然还可能有别的定价，不过你可以计算一下，利润最高就只有30元；如果你想少干点活，那就选定价20元，做两个汉堡，利润最高。如果仅仅是一道数学题，那没别的答案。

但真实的商业实践却并非这么简单，我们可以来看看真实的商家是怎么做这道数学题的。

肯德基豪华午餐就是一个例子：平时的套餐价格与工作午餐阶段的价格不一样，豪华午餐价格要低很多。

让我们来简化一下豪华午餐的计算，依然假设只有四个顾客，而且假设我们知道这四个顾客心中的最高购买价格（如前所述），为了方便表述，我们称这四个顾客分别是A、B、C、D。我会怎么设计汉堡价格呢？

我会设计成这样的价格政策：

平时汉堡单价25元，工作日午餐时间（12:00—13:00）汉堡售价15元。因为午餐时间非常拥挤，A不想去凑这个热闹，他选择在非午餐时间就餐，出价25元，餐厅获利20元；B和C想获得优惠，他们会在工作午餐时间就餐，这样每个人获利10

元，售出两个，利润 20 元，那么，我就可以获得 40 元利润。

A 是不是冤大头呢？不是。A 获得了选择时间的自由，以及不必忍受工作日午餐时间段的拥挤和排队之苦。

当然人类的商业智慧可不止肯德基豪华午餐这一种。你可以再思考一个问题，为什么麦当劳会长期发放优惠券，却很少打折呢？其实这也是一种定价策略，因为麦当劳想获得更多的用户，赚取更高的利润。

麦当劳可以这么规定，它提供三种汉堡：

双层深海鳕鱼堡、板烧鸡腿堡、巨无霸。假设三种汉堡正常售价都是 25 元，但麦当劳提供板烧鸡腿堡的优惠套餐券——20 元一个板烧鸡腿堡 + 一杯小可乐（可乐成本可以忽略不计）。使用优惠券购买巨无霸只要 15 元但没有可乐。

那么 A、B、C 三个人都可以成交，A 用 25 元买一个汉堡，种类可以自由挑选；B 自己去寻找优惠券，用 20 元买一个板烧鸡腿堡套餐；C 也找到了优惠券，用 15 元买了一个巨无霸。

现在，麦当劳的总利润是 20+15+10=45 元。（注：这是个简化的算法，假设汉堡成本相同。）

这种定价方法就是通常所说的价格歧视。所谓价格歧视，就是商家针对同样的产品对不同的人按不同的价格收费。

你可能会觉得 A 很傻，愿意多花钱买一样的汉堡。其实不是。

用优惠券购买的消费者，他们也不是白白占了便宜，首先顾客要付出时间成本花时间寻找优惠券；其次他们还要付出选择的自由，因为他们只能选择优惠券规定的商品。航空公司的定价策略就是典型的价格歧视，比如早订票就可以打折，晚订票价格就高；订全票就可以免费退改签，打折票要收改签费；等等。

那还有没有办法获得更高的利润呢？

我假设一家汉堡叫汉堡大王，有一天，A 走进汉堡大王惊讶地发现，汉堡大王推出了定制汉堡。在 A 排队买汉堡的时候，店员对他说："汉堡是 25 元，但你只要多花 5 元，就可以购买到一个包装盒上贴有自己头像的北极虾风味汉堡。"A 觉得把自己头像贴到包装盒上非常酷，所以愿意多花 5 元钱购买这个服务。这个汉堡包装盒上的头像贴就是汉堡大王的备选产品，我们把这个叫作备选产品定价。你购买一台洗衣机，商家可能会顺便向你推销"加 99 元 5 年免费维修"的服务，这个 5 年免费维修的服务选项就是一个备选产品。

汉堡大王的国王牛肉汉堡定价 20 元，鸡腿汉堡定价 15 元，如果你真的囊中羞涩，汉堡大王还有一个极简汉堡装，但需要提前一小时在网上预订，这就是只要 10 元的极简牛肉汉堡。

你看出来了，现在 A、B、C、D 四位顾客都可以买到他们想要的汉堡了，汉堡大王获得了更高的利润。

这种定价方式我们称为"差别定价"，就是商家为了满足支付能力和消费偏好不同的顾客，推出不同的产品，有时候这又被称为"产品线定价"。当然我们用汉堡做例子可能还没那么贴切，最普遍的是图书行业，精装版和平装版图书就是典型的差别定价。

就一个汉堡，我们刚才使用了价格歧视、差别定价、优惠券、限时促销（豪华午餐价格）、捆绑销售（"汉堡＋可乐"套餐）、备选产品定价等方法，当然还涉及我们之前笔记中讲到的消费者剩余这个概念，因为价格歧视其实就是为了获得更多的商家剩余。

我想专门再说一说价格歧视这个定价方法。

《大辞海》（经济卷）中对价格歧视的定义是：垄断者在出售相同产品时向不同消费者收取不同价格的定价方式。其目的是把消费者剩余转换为生产者剩余。价格歧视在公用事业部门最常见，如工业用电一般比民用电更贵。

这个词条解释有一个前提，那就是进行价格歧视的是"垄断者"，这是不符合现实情况的，因为即使是普通的商家也可以进行价格歧视定价（我们刚刚讲过了）。不过这个词条后面的解释完全正确，价格歧视就是向不同的消费者销售相同的产品时收取不同的价格。

还有些讲定价的文章或者图书，说头等舱和经济舱的定价不同，就是对购买头等舱的"有钱人"进行了价格歧视，这个解释有待商榷，因为头等舱和经济舱本来就不是同样的商品。价格歧视的关键是同样的商品卖了不同的价格，如果头等舱相对于经济舱来说算价格歧视，那么三居室的租金要比两居室租金贵，这个难道也是价格歧视吗？我想没有任何人会觉得这是一种价格歧视。

价格歧视有三个级别。

一级价格歧视，也叫"完全价格歧视"，就是相同的商品，针对不同的顾客收取不同的价格。头等舱和经济舱显然不是相同的商品，所以定价不同，不属于价格歧视。但是经常坐飞机的话，你应该知道即使在同一架飞机上，经济舱和经济舱的价格也是不同的。因为有人提前三个月订机票，有人当天订机票，虽然是同样的座位，价格却完全不同。

明星的代言价格，也是一种价格歧视。目前中国一个一线明星一年的代言费是 1500 万元左右，即使代言的权益和使用范围完全相同，不同品牌找代言人的价格也是不一样的。明星代言的价格，一般遵循品牌越知名越便宜的规律，比如爱马仕要找代言人，代言费一般会便宜一些；一个不知名品牌或者形象不算很高级的品牌，明星的代言费就会更高，差距可能会达到几百万元。

购物中心的租金也是看人要价。同样五楼餐饮层的位置，海底捞入驻很可能免费，一个普通火锅品牌入驻就是正常价格。星巴克也能长期享受优惠的租金价格，所以学习星巴克模式的品牌，首先要想到你和星巴克的租金成本是不一样的。

咨询公司的报价则常常相反。同样的一个咨询产品，它们报给大企业的价格可能会更高，因为它们认为大企业付费能力强，小企业付费能力弱，那对小企业就少报一点，这也是一种一级价格歧视。

二级价格歧视，就是根据购买数量不同而定价不同。超市的大包装食品，就是一次买得越多越便宜。这种价格歧视我们很容易理解，毕竟购买量不同价格不同在情感上还是能够接受的。

当然商家有时候也会利用这种二级价格歧视。有一次我在线上购买一个儿童博物馆直播参观的课程，单独购买的价格是 60 元，而三人拼团购买的单价是 19 元，也就是说，三个人一起买三堂课的总价，比一个人单独买一堂课的价格都低。那为什么商家不能把一堂课的价格定为 19 元呢？因为商家的核心诉求并不是要卖更高的价格，而是获得更多的客户。拼团的话，一个客户就可以带来两个新客户，所以它用拼团的价格歧视方式来获得更多用户。拼多多的拼团购买就是这个道理，它能通过拼团产生快速社交裂变。这种价格歧视本质上是拼多多通过"价格优惠"雇用了顾客，让顾客为拼多多工作，产生了拉新。这就像一棵桃树，它为了把自己的种子传播出去，就让种子外面长满了鲜美的桃肉，所以猴子会过来吃桃子，吃完之后就把桃核丢到了别的地方，猴子无形中帮桃树传播了种子，而桃肉就是桃树给猴子的报酬。

三级价格歧视，就是针对不同市场或者不同身份类型的消费者收取不同的价格。

最典型的是火车票以及公园里的儿童票、老人票、学生票，特定人群就能享受更低的价格，这不仅有获取更多利益的考虑，还兼顾了社会公益的问题。

当然火车票和公园门票的经营者都为国有，不会太考虑经营利润的问题，那社会上的商家会不会采用三级价格歧视呢？也会。比如必胜客就推出过学生卡优惠，毕竟学生对价格比较敏感，必胜客用学生优惠价来获得额外的客户，不仅增加了利润，还能培养未来的消费者习惯。

有时候，三级价格歧视还被用作一种营销活动。我们公司的一个客户叫人人馋，它的核心产品是自己秘制的羊汤与饸饹面。饸饹面是源自河南郏县的一种地方美食，人人馋的老板魏总也是河南人，所以人人馋开业当天会请河南老乡免费吃面。这个活动很有意思，以至大家忘了它是一种价格歧视，本质上，这就是一种基于地域和身份的价格歧视。

价格歧视的原因和目的各有不同，但表现形式是一致的，就是相同的商品面对不同的客户收取不同的价格。麦当劳的优惠券让麦当劳扩大了客户群体，让那些吃不起正常价格又想吃汉堡的顾客有机会去消费，而麦当劳也赚到了更多的利润；拼多多的拼团价，是为了让顾客帮忙拉新，这种价格歧视的目的是用"优惠"雇用顾客来做营销；有些酒吧会对女性顾客免费，这就是三级价格歧视，这是为了让更多女性顾客进店以吸引更多男性顾客。

　　你也可以想想，平时遇到过什么商家的"价格歧视"套路没有。

笔记 29

锚定价格会影响商品价格

所有的知识都源于我们的感知。

——达·芬奇

价格也不过是一种感知而已。

你有没有过下面这种购物体验？

星期天上午，你去购物中心买一件可以在公司年会上穿的衣服，你的预算是 800 元。到了购物中心某个你喜欢的品牌店里，你看上了一件带蕾丝的黑色超短小礼服，你想，这件应该 600 元左右，符合你预算。然后你问服务员这件衣服的价格，服务员热情地介绍了这件小礼服的特别之处，它的面料如何高级，如何适合你白皙的皮肤和高挑的身材，它的纽扣是用鹦鹉螺贝壳做成的，它还配送一枚高级胸针，等等。然后她说，这件衣服售价 1600 元。

听到这个报价，你犹豫了，因为你的预算只有 800 元，但这件衣服你真的很喜欢，而且穿上一定会在气质上秒杀年会上的其他女生。但是，1600元的价格实在是有点贵了。你在想，如果1200元，那我就买了。

这个时候，服务员说，这件衣服刚上新才一周，非常抢手，店里现在也只剩下3件了。这样吧，公司推出了一个针对老顾客的优惠活动，过去一年内在本店购物金额超过5000元的顾客，将能获得400元的折扣，而你刚好符合这个条件，所以你今天是可以用1200元拿走这件可以让你在年会上大放异彩的黑色小礼服的。

"太好了，我太开心了。"你这么想，1200元也不贵，你立刻愉快地付了款。

这样的体验是不是听着很熟悉？而你也从来没有后悔过那个决定，不过我告诉你，你中计了，这是商家的一种定价诡计，它叫作锚定价格。

有一个来自美国的故事，就讲述了锚定效应这种古老的应用。

20世纪30年代，有两个兄弟在纽约经营着一家服装店。两兄弟一个是售货员，一个是裁缝。当一个顾客走进门来，售货员会观察顾客的喜好。当顾客询问价格的时候，他就会对着他那位裁缝兄弟喊："这套西装多少钱？""那套漂亮的西装吗？42美元。"裁缝兄弟会大声回复，以便让顾客清楚地听到这个价格。然后，售货员就开始了他的表演，他好像没听清楚裁缝说了什么，尽管大街对面咖啡店里的顾客都已经听到是42美元了，他还是会问："多少钱？""42美元！"这个价格又被重复了一遍。售货员好像听清楚了，他转向顾客说："先生，这套西装售价是22美元。"这时候顾客不禁大喜过望，他会立刻从皮夹子里掏出22美元放在柜台上，带着西装迅速离开。

所谓锚定价格，就是顾客第一次看到或者听到的价格，会直接影响他之后对商品价格的判断，而他之后对价格判断的标准会接近第一次看到或听到的这个价格。所以，尽管你本来的预算是800元，但是服务员向你报出的第一个价格是1600元，你的心理预期就会迅速被提升，当你知道可以用优惠的价格1200元购买到这件黑色超短小礼服的时候，你的感激之情油然而生，你简直想把朋友圈里最好的单身男生立刻介绍给她。

锚定价格是从心理效应"锚定效应"借鉴过来的，锚定效应的应用范围更广。比如你应聘了一家公司，当公司面试者问你的薪水期望时，你会怎么应对呢？

大部分人的反应是，我想先听对方怎么说，然后根据对方的报价来调整。因为你担心自己说的价格太低了，而对方想要开出的薪水范围可能会更高一些。其实这种想法是不对的，在谈薪水的时候，首先说出价格的人就对薪水进行了锚定，所以你要做的不是等对方报出薪水范围，而是首先向对方报一个你能想象到的最高薪水，这样你就对薪水的价格进行了一次锚定，而对方不得不根据你报的价格调整他薪水的心理预期。

有研究表明，当一个顾客在看到商品价格之前，你随便让他看一个与价格无关的数字，而且这个数字要足够大，他都会受到这个价格的影响。

比如我在自己的公众号销售《朋友圈的尖子生》的时候就要了一个小花招，我在这本书的介绍页面写了一句话：有读者读完之后感叹说，这本书价值100万。这是在预售阶段一位早期读者对我这本书的评价，为了产生一个锚定效应，我把这句话放在介绍页面。虽然具体效果我没有进行过对比测试，但我这本书确实卖得不错。

锚定价格在许多商业实践中都有应用。

一般宴请型餐厅的菜单，第一页就是本店的招牌菜和最贵的菜。比如以海参、鲍鱼、大闸蟹或者龙虾为食材的菜品，一般单盘菜的价格都在300~500元，这种菜单设计，除了展示本店的招牌菜，还有一种动机就是锚定价格。顾客第一眼看到了这种比较贵的价格，接下来一两百元一道的菜品也就不会觉得贵了。

旅行箱、皮鞋、包包、珠宝首饰等这些线下门店，都会有一个价格特别高的同类商品，但这件商品本身并不承担销售主力的功能，而中等价位的商品才是店铺中的爆款。这个最贵的商品就是整个门店中的价格锚点，它让光顾的顾客觉得另一款商品价格"没那么贵"。

商业谈判中，通常是先报价格的一方会掌握主动权，因为你第一个报出价格，相当于在谈判中首先对价格进行了锚定。这与我们的直觉有点相反，在谈判中，我们倾向于先试探出对方的心理价位，其实这很难做到，因为对方在努力掩饰自己的心理价位的时候，也想试探你的报价。

这个时候，与其努力摸清对方的底线，还不如直接报出一个更高的锚定价格。如果能够以锚定价格成交，那对你来说一定会超乎预期；即使对方再砍价，也很难突破你的心理底线。总体来说，这是一个有效的报价策略。

笔记 30

定价案例——从小米的定价中我们能学到什么？

大部分学小米的企业都死了。

我先强调一点，小米的定价并不完美，我在这里也不是想和你说定价要学小米，因为有许多品牌学小米的定价就学死了。我在这篇笔记会复盘一下小米定价的历程和思路，从中让你得到一些思考，而不是盲目地抄袭。更何况，小米的定价也是在不断变化中的。

小米创始人雷军现在是家喻户晓的人物，但雷军在做小米之前，其实已经是一个互联网老兵了。雷军创办小米前任职的公司叫金山，虽然这也是一家上市公司，但名气显然没有如今的小米大。

2010 年的雷军 41 岁，在互联网圈子里，这个年龄如果还没有大成之相，似乎很难再折腾出大名堂来了，感觉金山也就是雷军的人生巅峰了。可是雷军却准备做一家手机公司。小米的创业故事大家都很熟悉，我就不详细讲了，我只想从小米的创业历程中梳理一下小米的定价逻辑。

我们事后诸葛亮地去看小米，似乎觉得小米从一开始就是战略正确，必有大成。其实雷军创办小米的时候可没有这个自信，所以小米创立初期是对外保密的，可能觉得做不成会很丢人吧。初创阵容相当豪华，属于创业公司的顶配，除了雷军，其他 6 位联合创始人如下：

原谷歌中国工程研究院副院长林斌；

原摩托罗拉北京研发中心高级总监周光平；

原北京科技大学工业设计系主任刘德；

原金山词霸总经理黎万强；

原微软中国工程院开发总监黄江吉；

原谷歌中国高级产品经理洪峰。

2011 年 8 月 16 日，小米公司的第一台手机发布，型号是 M1。手机配置上，当时的高通 MSM8260 双核 1.5GHz（吉赫兹）主频 CPU（中央处理器），是全球主频最快的智能手机；Adreno 220 图形芯片、1GB 内存、4GB 机身存储，支持 32GB MicroSD。这个配置，看起来有点陌生，因为毕竟距离今天已经有十多年了。这不重要，但是你要知道当年三星推出的 Galaxy S2 售价高达 5900 元，同年推出的苹果 iPhone 4S 在国内售价为 4988 元，同年国产手机中的当红品牌魅族新机 M9（512M 内存）售价是 2499 元。而小米，内存是同年魅族 M9 的两倍，售价只要 1999 元。

小米的口号是：为发烧而生。其实买小米手机的顾客真谈不上发烧友，如果真的是手机发烧友，他们应该买三星和苹果。只是这句口号让买小米的顾客觉得有面子，而且 1999 元的价格真是业界良心，从此之后小米就在不断扮演着"价格屠夫"的角色。

小米第一款手机发布的时候，雷军说，为了节约营销成本，小米只在小米网进行销售。就是这句话，让小米在之后许多年里都陷在"只在小米网销售"的困顿中。

这个超出预期的定价让小米成为抢手货，第一代米粉就像今天抢茅台一样在抢小米，小米卖出30万部手机用了不到3个小时，手机业为之震惊。雷军在创业之初曾经跟兄弟们说，要用4年时间做一个100亿美元的公司，结果小米手机开售3个小时后，目标就变成了要做一个1000亿美元的公司。

2011年，小米销售收入5.5亿元。

2012年，126亿元。

2013年，316亿元。

2014年，743亿元。

2011年很美好，2012年也很美好，2013年小米红透了。我记得2012年我和朋友正在创业做一个在线教育网站第九课堂，曾经组织过一次小米的参访培训，3个小时收费1200元，瞬间爆满。小米成为互联网和传统行业竞相学习的对象，那时候也有无数营销大师认领了小米策划、顾问的头衔，通过讲小米方法论圈了好多钱。

2013年12月，雷军和董明珠女士打了一个赌，赌资10亿元。2014年，小米的营收依旧特别美好。那时候小米主要用线上销售的方式卖出了6000万部手机。我听小米联合创始人刘德讲过课，他说那时小米内部显然膨胀了，觉得做得太好了，没有意识到后来的很多问题。

如果你关注互联网，应该会有感觉，2015年和2016年小米有点沉寂，外界各种消息满天飞，一会儿说小米融不到钱了，一会儿说小米海外市场出现了问题，一会儿又是增长乏力。小米在 2015 年和 2016 年的营收，分别是 780 亿元和 790 亿元，如果以一个传统企业的角度看，好像没什么问题，但是从互联网企业的角度看问题就非常大。过去几年的高速成长一旦慢了下来，就会出现很多问题。

小米提交的上市材料显示，小米 2015 年的经营利润是 13.78 亿元，营业收入 780 亿元，净利润不到 2%。如果发展速度快，即使没有利润（比如亚马逊）也不是什么问题，因为背后会有大量投资机构给这样的公司输血，但如果利润不高，发展又失速，就会面临巨大的问题。

小米当时的问题出在哪？

我们说任何成功都不是单一因素造成的，失败也同样不是。小米当时出现的问题，与竞争环境、公司管理、供应链等都有关系，我今天只从定价这个角度来聊一聊。

小米的定价是小米当时成功的关键要素。其实所谓"性价比高"并不是单纯的低价，同样的价格性能更好，同样的性能价格更低，都可以算是性价比高。小米手机初期显然并不是性能好很多，更没法和苹果手机来比，只能说它和类似国产手机相比价格更低。而且小米早期利润微薄，它的性价比不是靠节省成本节省出来的，而是靠背后的融资和通过对未来的预测计算出来的，只要这么做有未来，现在亏不亏就无所谓，资本投的也是未来的收益。

小米的低价，一个是来自对未来的预期，从而可以忍受一段时间的亏损；另一个来自它自有的电商渠道，这样就不必向手机渠道经销商交渠道费了。但这个情况 2015 年之后发生了变化，主要有以下几个原因：

第一，这几年手机行业杀进几个玩家，比如魅族、乐视、360、一加、锤子等。魅族的副总裁李楠曾经和我聊到手机市场的情况：一加出来锁定了100万部的市场，那这100万部的市场份额就被抢走了，我们很难再为市场创造出100万部的新增需求。360出来做手机，不管怎样都会搞走大概100万部的需求，乐视又会抢走一部分份额，所以各家发布手机的时机、配置等都非常谨慎，做手机尤其要精打细算。2014年算是互联网手机的顶峰之年，销售量出现了一个天花板，而且又有一些互联网手机的友商杀入，结果小米的份额就被抢了一部分。

第二，因为前几年线上卖手机卖得太好，导致小米完全没思考做线下的事情，发现问题的时候已经晚了，而线下的销售能力又不是一天能做出来的。虽然在2014年之后的两年小米也在建设线下渠道，但销量几乎没有增长。

还有个问题就是，即使小米重视线下，也很难通过传统的手机代理渠道销售。因为小米的毛利太低，给渠道的分佣没有吸引力，所以线下代理商常常是拿着小米的幌子招揽顾客，顾客进来还是想方设法卖给他们别的手机。很多经销商知道，卖一台小米只能赚100元，卖一台别的手机就能赚500元，他们当然没有动力去卖小米手机。

第三，三星这两年在中国市场开始走下坡路，但三星手机定位一直在3000元以上，而小米基本是在2000元以下，所以三星的份额虽然让了出来，小米却没有对应的机型来补位，结果华为、OPPO和vivo接棒，没有小米什么事。定价问题确实事关大局，当初破局的优势，这时反倒成为掣肘的劣势。

第四，2015—2016年小米供应链出了问题，产品供应特别紧张。

第五，随着友商水平的提升，小米手机在2015—2016年产品力相对下降，没有推出特别拿得出手的机型。

小米手机过去一直延续低于 2000 元的主流定价，不仅难以建立线下销售的优势，加上成本的限制，这种定价也很难支持它开发更高性能的手机。

接下来，小米有两个重要的动作。

首先是对线下渠道的重视和发展，联合创始人林斌在此时转而负责小米线下店。2015 年 9 月，小米在当代商城开出了第一家线下体验店，那时还是一个实验性的尝试。到 2021 年 7 月 16 日，雷军接受媒体采访时表示：到今天为止，通过线上买小米手机的人不超过 30%，70% 是通过线下购买的。小米从 2016 年开始重点布局线下门店，2021 年小米每个月开设 1000 家店面，到 6 月底线下门店已经接近 8000 家。

小米线下店早期是自营的，因为小米手机价格毛利太低，只能自己做。后来随着小米的产品线丰富，手机价格提升，小米线下店才有联合经营和加盟经营的方式，因为这样的毛利可以支撑商业伙伴获得利润了。

其次是产品能力的提升和价格提高。小米 MIX 的研发是一个极度保密的项目，2016 年下半年推出的时候惊艳了手机行业，一贯高傲的罗永浩也在微博上发文称：小米 MIX 是一次让人肃然起敬的了不起的尝试。

据说，因为 MIX 的突然亮相，小米内部一些已经递交辞职信的员工又主动要求留下工作了，MIX 一下子将小米内部的士气和对外的势能提了起来。尽管 2016 年的销售情况并不完美，可是 MIX 已经是一个不错的开端。

从 MIX 开始，小米才算正式进入了 3000 元以上的手机阵营。

在我写作本书的时候，我在小米官网上查询到的小米 11 Ultra（12GB/512GB）售价是 6499 元。小米，早已不是那个当初售价只有 1999 元的小米了。

超低定价在早期为小米的超高速发展提供了支持，但定价的毛利究竟应该保持多少才是合理的，并没有确定的答案，因为每个商业模型都不一样。小米早期为什么可以做到非常低的毛利？大概有以下几个原因：

第一，以比同等性能手机低许多的价格上市，可以获得关注，并迅速获得一个市场地位。

第二，由于雷军的背书，小米获得了大量投资，资本愿意牺牲早期的利润来获得快速的增长和市场地位。这与过去的创业条件很不同，小米可以没有利润快速奔跑好多年。

第三，小米在 500 亿元的销售额之前主要通过小米在线商城销售，线下没有代理商，不需要考虑渠道费用，这可以支持小米比较低的产品毛利水平。

第四，小米手机即便在硬件上赚不到太多利润，如果能将手机卖到足够多的数量，也会形成一个网络效应，日后可以有包括 App 预装费用、流量入口费、广告费、App 分发、游戏渠道及联合运营费、电商渠道及自营产品销售、智能硬件联网等多种收入。所以小米手机并非只赚一次性的硬件收入，还有在产品使用中持续的经营收入，站在长期经营的角度看这也是合理的。

雷军在一次采访中讲过，"硬件最多赚 5% 的纯利润"，这句话背后其实是有许多弹性和回旋余地的，比如，产品的研发费用要不要计入硬件成本？如果大量投入研发，那净利润低并不代表产品毛利就一定低；再比如，手机可以在用户使用中持续获得其他运营收入，那这部分收入是不计入硬件利润的。

但是有许多企业，包括小米生态链的许多企业和品牌，都在学习小米"低利润"上走错了道路。

因为雷军在"令人感动的低毛利"这件事上获得了巨大的成功，他有意无意地也会认为在任何产品上都可以采取这种定价方式，这就是没有根据实际情况来思考问题。雷军在与多家小米生态链企业创始人的沟通中都表达了这种态度，比如产品只赚 10 个点的毛利，其实这种一刀切的做法让许多企业走了弯路。

比如顺为资本投资的从事家庭装修行业的公司爱空间，当年雷军指导说装修只赚 10 个点的毛利，确实让爱空间短时间内爆发了一下。可是装修行业的集客成本太高，客户又几乎没有复购，加之装修施工极其复杂，不能像小米手机一样可以通过用户后来的使用收取其他费用，所以 10 个点的毛利根本无法维持其正常的企业经营。后来爱空间在经营中逐渐调整了当初的定价。所以定价还是需要符合一个行业、一个企业、一个产品的正常逻辑才对。

雷军曾经在访谈中讲，小米要做科技界的开市客（Costco）。

我认为拿手机、小米商城、小米生态链和小米有品的大部分商品的定价与开市客来对比，非常牵强。

开市客成立于 1976 年，它从成立的第一天起便立下承诺：以尽可能合理的价格为会员提供良好的商品和服务。开市客通过仓储批发的商业模式经营，为了降低成本，商场内所有商品均以原装货盘运送，并陈列在简单的卖场环境中。开市客的卖场是自助式的，会员所购买的商品可以利用回收的空纸箱包装。此外，通过普遍采用大包装商品、精简 SKU（沃尔玛的 SKU 有 13 万个，而开市客只有 4000 个）、增加自营商品、收取会员费等措施，开市客经营的产品确实是质量好、价格低，据说开市客销售的商品定价如果毛利率超过 14% 就要经董事会开会同意才行。

小米给出的是感动人心的价格，开市客的商品同样也是，那它们两个为什么不同呢？

首先，小米手机是品牌商，开市客则是渠道商；开市客赚的是渠道费用，小米手机赚的则是商品生产、设计、研发的费用。过去雷军说硬件只赚 10 个点的毛利（后来这句话慢慢不提了，改成了 5 个点的净利润，其实差别非常大），指的是最终售价只有 10 个点的毛利。什么意思呢？假设一台小米手机的 BOM（物料清单）制造成本是 1800 元，那么它在小米商城或者小米线下专卖店零售的价格不能超过 2000 元。小米手机既是品牌供应商又是渠道商，而这两个环节加起来只赚 10 个点。

开市客呢？如果开市客可以卖小米手机，且开市客也只赚 10 个点毛利，小米供货价格是 2000 元，那么开市客销售的小米手机价格就应该是 2200 元。所以我才说，开市客是赚了 10% 的渠道费用，它背后的品牌供应商还要赚供货利润。但小米说只赚 10% 的毛利，那是把供货和渠道全算进去只赚 10 个点，这显然太低了，低到许多渠道都不愿意卖小米手机。小米被逼无奈，才自己建线下专卖店，自己做渠道。所以我过去一直说小米的这种定价不合理。手机还好，还能收一些别的流量和广告费用，但其他硬件产品，比如空气净化器、手环、净水器等，如果都只赚 10 个点的毛利，是不符合商业经营逻辑的。

其次，开市客看起来是毛利不超过 14%，但背后还有一部分收入被忽略了，那就是开市客的会员费。

和通常的超市不同，如果你想去开市客买东西，你首先要成为开市客会员。开市客的会员分为普通会员和高级会员两种，在美国和加拿大普通会员的年费为 55 美元，高级会员的年费为 110 美元。高级会员可以享受一年内购买金额 2% 的返利，以及其他一些优惠。要记住，这个费用可不是存在你的会员卡里消费的时候还能使用，而纯粹就是为了获得会员资格支付的费用。

2017 财年，开市客的会员费收入是 20 多亿美元，当年开市客的净利润为 26.8 亿美元，会员收入占到了利润比例的 74%。2018 财年，开市客的会员费收入为 31.4 亿美元，企业总利润是 31.3 亿美元。最近的 2021 年，开市客的会员费收入为 38.77 亿美元，净利润为 50.07 亿美元。有没有发现，如果没有会员费，开市客就是一家不怎么赚钱的公司。

而小米没有会员费，还只赚开市客那么薄的利润，这不是同一个商业逻辑，所以小米早期那种超低利润定价在实体企业中几乎就不可能长期存在。

最后，小米做的是智能硬件，手机的研发费用相当高，即使是扫地机器人、电视、路由器、笔记本电脑等产品也有很高的研发费用，这是开市客这种渠道型公司不能比的。所以，完全对标开市客的低利润，也不是理性的选择。

小米生态链早期有许多企业都采用了极低利润的定价策略，最后几乎都放弃了，因为这种过低的毛利本身在商业逻辑上是不成立的。有些产品，如果只在小米商城销售，因为不用付过多渠道费用还勉强可以生存，但小米商城的销量毕竟有限，一旦想到其他渠道销售，这种毛利连渠道费用都付不起，更不用说传播推广的费用了。

后来小米意识到了这个问题，不再纠结于10%的产品毛利了，小米手机的价格也一涨再涨，小米生态链的多数企业也纷纷提高了产品售价。当然相比其他品牌，小米的大部分产品性价比依然是相当高的。

说到这里，我还是想提醒那些看到一个品牌成功就立刻要去模仿的企业家，一定要想清楚自己的具体情况，没有经过详细调研就片面学习，往往就是在往死路上飞奔。

比如，小米手机即使定价很低也能赚钱，那是因为早期小米有投资机构支持，不着急赚钱，手机还能通过运营获得收入。再比如，有人学江小白的表达瓶，其实他们不知道江小白除了表达瓶，还有几百万家餐馆的销售渠道。还比如，有人要学元气森林，但他们不知道元气森林的老板唐彬森早年通过游戏赚了好多钱，他早期根本不太在乎亏损。

我想起一个朋友的故事。

她在颐和园附近经营一个文化空间，当年经常请舒乙这种级别的文化艺术大师去讲课，空间也非常热闹。于是有人就觉得她的空间经营得很棒，也想搞一个，但搞一个就给搞死了。后来她和我说："别人也想学我做这种空间，其实他们并不知道这个空间赚不赚钱，只是表面上看着很热闹。我经营这个空间，是因为我想请这些名家给两个孩子在文化艺术方面多熏陶熏陶，我其实不太关心赚不赚钱的事。他们可能不知道，我之所以能经营下去，是因为我亏得起。"

笔记 31

应用案例——咨询公司的定价问题

在我的知识星球上，有朋友问我一个问题：咨询公司报价几百万元、上千万元，它们到底值不值这个价钱？

其实咨询公司的服务值多少钱，这个真的很难定义，要是能想清楚这个问题，你可能会理解很多商业现象。我也没有确切答案，不过可以来探讨一下这个问题。

首先要搞清楚，咨询公司服务的价值是由咨询公司提供的服务和客户本身共同决定的。

你服务一个品牌，它只有一家店，年营业额 300 万元，你的咨询很给力，帮它提升了 50% 的业绩，那么它一年多赚了 150 万元。你收费 200 万元，它可能会觉得这太贵了，不值得。

你服务了一家世界五百强企业，它的年营业额是 1000 亿元，你帮它提升了 1% 的营业额，那么它一年多赚了 10 亿元，你收费 500 万元，这家公司觉得你的收费简直太便宜了，因为这种投资回报太高了。

你看，你服务不同的客户，价值是不一样的。当然，一家营销咨询公司的方案也许真的没什么价值，这又是另一种情况。我在这里讲的是，营销咨询的价值其实不仅和营销咨询本身有关系，还与客户有巨大的关系。

其实广告的价值计算也是一样的。

比如世界杯的赞助，2018年俄罗斯世界杯的一级赞助商花费大概是1.5亿美元，那么这个广告值不值呢？这就要看谁来赞助了。

如果万科地产赞助世界杯，那肯定不值得，因为它赞助了也得不到那么大的回报。

如果是可口可乐赞助世界杯，那就会划算，因为可口可乐的业务遍及全球，而世界杯是全世界人民的盛事，相对来说，只在中国本土销售的元气森林赞助世界杯就没有那么大的价值。

当然，营销咨询的报价还含有咨询公司品牌本身的一部分价值。

比如一家世界五百强企业，基本上不会寻找我们这样的咨询公司，因为我们太小了，历史和声誉都不够，它应该会在更大、更有名气、历史更久远的公司中寻找供应商。

同时，邀请知名营销咨询公司，本身还具有一种宣传价值。我就听说过某些加盟品牌，邀请一家著名咨询公司做咨询，其实就是为了向自己的加盟商证明自己的实力并带给他们信心。

那咨询公司怎么定价呢？作为一个咨询行业的从业者，我说说我的经验。

可能很少有一个行业会像咨询公司的定价那样差别如此之大。在我们营销咨询行业里，价格低的可能就收个几万元、几十万元，价格高的，一年的服务费用能收到一两千万元。比如已经故去的叶茂中老师，他的公司一年的服务费就有1000多万元。

咨询公司的生意类型叫作专家生意。专家生意的特点是门槛高，但复制很难，所以咨询公司规模一般都不大。我估算过国内的营销咨询公司规模，可能排在前10名的公司，人数总规模也就1000人左右。

专家生意非常依赖核心专家，所以这个行业的"供应链"非常短缺。营销咨询还好一些，可以通过一些方法论和工作模块设计让普通员工承担较多的工作量，但像律师事务所这种专业服务，就更加依赖知名律师。

咨询行业很难扩大业务规模，所以要想增加营业收入，就只能提高价格。我之前在一次演讲中说，小马宋现在做一个半年制的项目是160万元（全年服务是260万元），和定价最高的同行比，它们是我们价格的5~10倍。如果我想把营业收入提高100倍怎么办？我们可以把业务量提高10倍，这用5~10年时间是不难做到的，然后逐步把价格提高到现在的10倍，不就100倍了嘛！

当然我觉得1000多万元的收费还是太贵了，我们要做很多企业的生意，就不能这么定价。

关于咨询公司定价的依据，有几个维度。

第一，竞争的维度。也就是说，定价要看同行。

如果你们服务能力差不多，那同行的定价就是你定价的上限，这是基于竞争的一种定价思维。你和对手水平差不多，但定价比他们高，那客户为什么选你？

所以你看那些"著名"营销咨询公司走出来的副总裁、合伙人或总监，他们自己开一家咨询公司，定价一般就是它上一家公司价格的一半或更低。他们走出公司创业，虽然背着原来公司的名头和声誉，但毕竟不是老牌大厂，所以价格就会降一半，但又不能太低，否则掉了身份，所以把价格定在原东家 1/4 ~ 1/2 的区间，相对比较合适。

小马宋是那些传统知名营销咨询公司的后辈，营销咨询服务定价在这些公司的 1/4 左右，也比较合理。

第二，业务规模的维度。也就是说，价格越贵，你能接到的客户数量就越少。

当然，高定价有几个好处，一个是高利润，一个是这种定价天然筛选出那些有实力的客户，这样可以保证你做出的客户案例"更容易成功"。至少愿意付一两千万元的客户是有钱打广告的，这就会让咨询公司的案例传播度很高。

定高价的缺点是客户数量会偏少，能接受这种价格的客户数量不够多，所以公司每年接到的项目也不会太多，甚至有些咨询公司经常"断炊"，整个公司处于无事可做的状态。

我们希望接受我们价格的客户多一些，每年多做一些项目，这对公司团队也是宝贵的经历和锻炼。团队是需要实战历练的，如果每年做不了太多业务，我担心他们能力退化。把价格定到行业最高价的20%~30%，客户容量至少会增长 100 倍。我们不是超高定价、超高利润，而是相对高价、相对高利润，这样既保证利润，又保证项目的数量和团队的实战能力锻炼。

第三，成本的维度。

咨询公司这种商业模型，注定了没有物美价廉一说，所以成本不是考虑咨询服务价格的主要因素。咨询公司规模不能做太大，那就只能多赚一些利润。

第四，客户价值的维度。

也就是你提供的咨询服务价格值不值这些钱。如果值，你的客户做完项目就会传播你的口碑；如果不值，他们做完项目就会骂你，别的客户来找你服务之前，也会去老客户那里了解情况，那你未来获客就难了。

小马宋的做法是，随着公司发展逐步涨价。今天我们的价格已经是6年前公司成立之初的8倍左右，但涨价的前提是我们的服务质量要逐步提升，我们的行业经验、咨询经验都在积累，方法论也在逐步完善。我们公司早期没有设计部门，今天已经有了完善的具有插画、VI（视觉识别系统）、吉祥物设计、包装、平面等职能的设计部门，服务的完备程度也比早期高了很多。

本质上，咨询公司定价的问题还是你提供的价值和价格是否匹配的问题。咨询公司要保持咨询价格低于自己的服务能力，那你的客户满意度就会更高。

这就是咨询公司的定价思维。

笔记 32

商品售价决定企业定位和未来命运

价格即感知，感知即认知，认知即经历。

过去几年，一说起餐饮品牌，大部分人可能会说起麦当劳、海底捞、西贝、喜茶、太二这样的知名品牌，可是绝大部分人却不知道中国餐饮行业的"四大天王"，它们是：正新鸡排、蜜雪冰城、绝味鸭脖和华莱士。

根据窄门餐眼 2021 年 7 月的数据，这"四大天王"拥有的门店数分别是 16057 家、13846 家、14541 家和 18840 家，开店数量都超过一万家。在中国，我们称这样的品牌叫作万店品牌。相比之下，海底捞同时期拥有 1457 家门店、麦当劳有 4880 家门店、西贝有门店374 家、太二有门店 283 家、喜茶有门店 812 家。

我把每家餐厅的人均客单价也列了出来，做成了一个表格（见下表）。

	门店数（家）	人均客单价（元）
海底捞	1457	121
太二	283	92
喜茶	812	29
西贝	374	103
麦当劳	4880	27
绝味鸭脖	14541	27
正新鸡排	16057	14
华莱士	18840	18
蜜雪冰城	13846	6.9

数据来源：窄门餐眼 2021 年 7 月实时查询。

这个逻辑很清楚：客单价越低，开店数越高。

不过还有一个问题值得注意，"四大天王"中没有一家是从北上广这种一线城市发展起来的。蜜雪冰城的总部在河南郑州，华莱士起源于福建福州，正新鸡排来自浙江温州，绝味鸭脖是从湖南长沙走出来的。为什么呢？大概是因为一线城市的创业者不容易从三、四线城市消费者的视角去思考问题，而最重要的一个视角，就是他们对价格的感知。

我们在服务"鱼你在一起"（酸菜鱼快餐米饭）的时候，发现在深圳有一家加盟店生意做得非常好。我的同事通过和老板交流，才知道这家店每天都会推出一款八八折的特价酸菜鱼。鱼你在一起的酸菜鱼一份套餐价格是 30~35 元，也就是说，在八八折的优惠下，每份酸菜鱼大概便宜了 3~4 元。就是这样一个简单的优惠，让这家店的生意明显好于其他加盟店。我们在调研中还发现，有些顾客平时不吃辣，但因为当天八八折的酸菜鱼是辣的，他们还是点了这个辣的酸菜鱼。为了3~4元的优惠就会点一个自己不太喜欢的口味，这是许多收入较高的餐饮创业者想象不到的。因为绝大部分顾客是很在意价格的，所以那些定位低端的餐饮连锁品牌才会有机会做成万店以上的规模。

我曾经和一位做高端茶饮的创业者交流，他问了我一个问题："顾客真的会在乎这两三元吗？"我说："会，他们真的会。你是个富二代，可能并不了解普通人的生活。"这也就解释了为什么一线城市的创业者很难做出万店品牌，因为这些创业者基本无法理解那些喝4元现制柠檬水的顾客是怎么想的。

从绝对价格上来看，通常是价格越低，目标消费者群体越多。在餐饮行业可以明确的是，人均客单价越低，能开的店就越多。

如果你是一个心怀大格局的创业者，要想在未来10年、20年开出万店规模的伟大品牌，你有必要了解一下什么样的生意才能做到万店规模。日本著名连锁经营顾问渥美俊一曾经讲过在日本要想达到"千店规模连锁"（对应到中国的市场规模就是万店规模连锁）的必备条件，我这里简单总结如下。

第一，商品的特征。

商品必须是大众都能使用和食用的东西，也就是80%的人能够日常食用和使用的商品。比如国内你做餐饮，面条、米线、包子、馄饨、汉堡、奶茶等都属于这类，但是咖喱饭、意大利面、泰国菜等就不属于这一类。

商品必须是日常甚至是每日使用或者食用的。具体来说，餐饮行业认为一年365天大概有300天会吃的食物，才属于这一类。几年前我去苏州考察过一个小吃——芒果糯米糍，它来自香港地区，是用特制的糯米面包上新鲜的芒果。这个小吃很好吃，但有个问题就是吃一个就腻了，一周之内基本不想再吃第二次。那这种小吃就不属于这一类。

商品必须是能轻松决定购买的那种，也就是顾客在买这件商品的时候可以做到毫不犹豫、立即决定。因为这样的商品品质不错，价格还有优势，当然可以毫不犹豫。比如可口可乐是世界知名品牌，品质有保障，价格又不贵；麦当劳是大牌，品质好，价格还合适。

第二，关于价格。

要努力让顾客购买时忽略价格。这个忽略价格，不是说顾客真的忽略价格，而是因为很实惠，顾客在购买的时候甚至都不会考虑价格因素了。我去过成都一家中式连锁餐饮品牌乡村基，一个宫保鸡丁套餐（包括宫保鸡丁＋米饭＋一碟青菜＋西红柿汤）只要18元，大众点评买优惠券只要15.9元，这对绝大部分顾客来说就是一个不用思考就会买的价格。

价格必须稳定。价格的稳定是取得客户信任的基石。所谓价格稳定，一是时间上要稳定，不能随便提价；二是空间上稳定，不能一个地方一个价格。

满足开店的商圈人口数一定要少。如果一个商圈要有50万人才能满足开一家店的标准，那这个商圈人口数就太高了。要想做超级连锁，就应该建立商圈人口更少的业态类型。比如蜜雪冰城，2万～3万人的镇上就可以开一家店，那它的商圈人口数就是2万。

商品选择上要大众。怎么才能减少开店所必需的商圈人口呢？在中国开一个鲜花店，商圈人数要求就很高，而开便利店，商圈人口要求就比较低，比如上海的沿街商铺，往往隔几十米就有一家便利店。

售价同样会影响商圈人口，像北京 SKP 这种高端百货，要全北京甚至周边的河北、内蒙古、山西、天津的有钱人都来消费才能支撑起来。但一家沙县小吃，只要有个小区就能开一家店。

那么，怎么才算便宜？根据渥美俊一在日本的经验，一般情况下比市场行情低 30%，顾客才会感到便宜。

这是渥美俊一在日本总结出的经验，未必完全适合中国企业，但有一点可以确定，那就是价格对企业连锁的规模有非常大的影响。所以世界上最赚钱的公司从来都不是奢侈品公司，而是那些定位于普通消费者的品牌。日本的首富是优衣库的老板，德国的首富是廉价连锁超市奥乐齐（Aldi）的老板，西班牙的首富曾经是快时尚品牌飒拉（ZARA）的老板，宜家家居的老板英格瓦·坎普拉德则曾经是世界首富。

所以，当你决定了商品售价的那一刻，你企业的定位和未来的命运似乎也就注定了。

笔记 33

定价案例——特斯拉的撇脂定价策略

特斯拉我不用多做介绍了，既然在讲价格，我们就聊一聊特斯拉的定价问题。特斯拉自从在中国建厂大量生产和销售之后，就在不断降价。

在人类商业历史上，除了福特的 T 型车，汽车降价如此频繁其实并不多见。

汽车商业史上，倒是有先以低价切入市场然后涨价的案例。当年丰田公司为了在美国推广它的高端车品牌雷克萨斯，以 35000 美元的低价进入了美国市场。这样做主要是为了获得早期用户的支持，即在第一年就售出 1.6 万辆。等到市场反应见好并且口碑大热后，雷克萨斯宣布提价，这反倒进一步激发了消费者的购买热情，第二年雷克萨斯就售出了 6.3 万辆。随后的 6 年时间里，雷克萨斯的价格总共上涨了 48%。

为了让客户先有意愿尝试自己的产品而以低价进入市场，这是有长远考虑的定价策略，因为一旦客户认可了这个产品，市场份额就会扩大，这种定价策略叫作渗透策略。

商业有意思的地方就在这里，雷克萨斯当年的定价策略既然很成功，那为什么特斯拉却采用了完全相反的定价策略呢？

特斯拉的定价策略是，先以极高的价格进入市场（2014年，我身边的朋友曾用接近100万元的价格购买特斯拉，而2021年不到30万元的特斯拉可能比当年的100万元那款还时髦），然后慢慢降价。

特斯拉的这种定价策略叫作撇脂定价。

这种做法主要是由市场形势决定的，其实也不是特斯拉做事不地道。当年的电动车是个新玩意儿，愿意买的人不多，想买的就是那些不差钱还愿意尝试新产品的人。特斯拉产量小，成本就高，加上早期的定价要负担更多的研发费用，这几个综合因素导致特斯拉成本非常高。如果想有一些利润，那定价一定很高。特斯拉很聪明，它一开始并没有做普通车型，它做的是电动跑车，主要卖给那些想显示自己的环保理念、对价格又不敏感的有钱人（我们称之为"富人税"）。

电动汽车和燃油车虽然都是汽车，基本功能也都是代步，但早期消费者却把它们分成了两类商品。燃油车就是传统汽车，它们是汽车；特斯拉虽然也是汽车，但早期消费者把它定义为高科技产品，所以它们不在一个评价体系之中。消费者会把钱分门别类地存在不同的心理账户中，对不同的心理账户，消费者对价格的预期也不一样。比如，柴米油盐就是在消费者的生活必要开支的账户中；得到的课程，就是个人提升发展的账户；小罐茶其实并不是一个日常饮用的商品，作为礼品它已被消费者归入情感维系的心理账户中；看电影，去迪士尼，这些是在享乐休闲的账户中。虽然这些账户要花的钱都是从个人真实的银行账户中取出来的，可是各个子账户都是独立存在的，心理账户不同，消费者对它的定义和价格感知也不同。

如果特斯拉仅仅是一个用电池作为能源的汽车，那它就会被归入汽车这个心理账户中，它的价格就要与丰田、别克、奔驰这些轿车去比较。但在有钱人眼中，特斯拉不是交通工具，而是高科技的新潮玩具，是一个象征和表达自己环保理念的商品，所以早期它的定价可以高一点，没关系。

这就像一个有钱人去选手表，他可能选百达翡丽，因为那代表了他的身份和阶层，他绝不会选一块一万元以内的手表。可是这个有钱人也可能会选一块苹果手表，这个时候他戴的就不是手表，而是一个智能硬件，这就是两种心理账户的区别。

许多早期消费者肯定会骂特斯拉不地道，这种态度也可以理解，毕竟觉得自己买亏了。但从另一个角度来说，特斯拉降价就是纯粹的商业考虑。

首先，它要想提高销量，就必须进入 30 万元以下的价格带，这样它才能成为大众消费品牌，而不是有钱人炫耀的玩具。比起后来的十倍甚至百倍规模的消费者来说，特斯拉宁愿牺牲早期那少部分消费者的"利益"和忠诚。

其次，它面临国产电动车的竞争压力。在电动车这个领域，大家毕竟都是新玩家，并没有传统汽车的品牌、发动机技术等壁垒。如果特斯拉定价过高，就会给友商抢占市场份额的机会。价格是个硬指标，没钱就是没钱，降价就会降出市场空间和购买能力。

特斯拉确实被许多人骂，你是不是会担心它的口碑和品牌受损呢？这就要看你怎么看待损失，怎么看待你对长远利益和短期利益的权衡了。其实特斯拉并不孤独，这种操作苹果早就示范过了。第一代苹果手机在2007年6月7日上市时的定价为599美元，3个月之后就降到了399美元，13个月之后降到199美元（见下图）。

价格（美元）

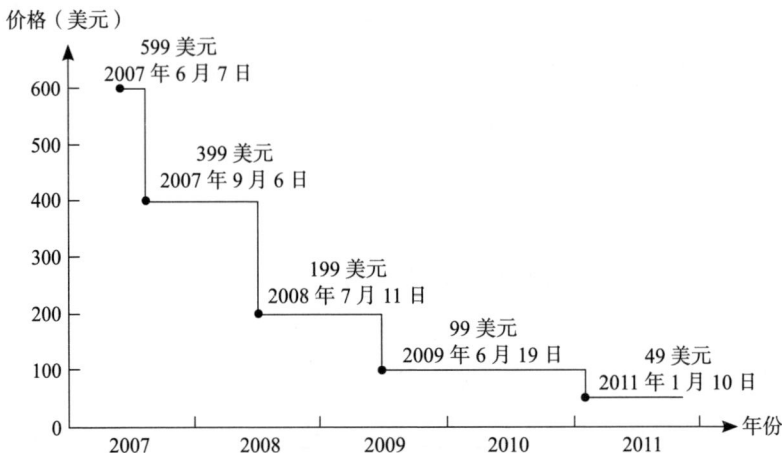

第一代苹果手机的价格走势

买三个月，价格跌一半，可谓疯狂。当时上市时抢购苹果的消费者也相当愤怒，然后他们就得到了苹果示意性的安抚：100美元优惠券。但很明显，初期买苹果的只是少数人，从销售趋势看，后来购买的消费者才是苹果手机的主力用户，在苹果看来，那些少数消费者是值得牺牲的。对特斯拉降价愤怒的消费者，应该也算是特斯拉愿意牺牲的少数消费者，再过三五年，电动车销量是现在十倍、几十倍的时候，也就没人再记起特斯拉降价这件事了。

苹果和特斯拉的降价，还有一个典型的影响因素，就是之前我们讲过的"经验曲线"。苹果是典型的数码产品，特斯拉也有数码产品特征，它们的成本会随时间和技术的发展大幅下降，而性能则会大幅提升，这是可以预期的。所以，未来消费者可能会习惯特斯拉的降价操作。

　　据说马克·吐温在评论历史的时候说过"历史并不重复，但会押韵"。在了解越来越多的案例之后，你就会发现，商业的历史也总是押着同样的韵脚。

趣味性定价、价格诱饵与价格带

这里我要讲几个关于定价的小知识。

第一，趣味性定价。

2012 年的伦敦奥运会在定价上取得了巨大成功。这届奥运会开幕式门票的最低价格是 20.12 英镑，最高价格是 2012 英镑。"2012"这个数字，顾客一眼就知道这代表了什么。有些赛事还应用了"票价和年龄相同"的定价方式，比如 6 岁的孩子付 6 英镑的门票，16 岁的人付 16 英镑，这种定价获得了广泛的认可和称赞。

伦敦奥运会原来的门票销售目标是 3.76 亿英镑，但因为巧妙的价格结构和营销沟通活动，门票收入最终达到 6.6 亿英镑，比预期收入增加了 75%，而且门票收入比前三届奥运会（北京、雅典和悉尼）门票收入的总和还多。

老乡鸡开业活动是请安徽老乡免费吃面，这也是一种特殊和有趣的优惠定价方式。有的餐厅会给穿红衣服的女性顾客打折，有的餐厅和服务员掷色子可以赢得一杯免费饮品。我们在给一个奶茶客户提方案的时候，曾经提出过 6.78 元这种"同花顺"式的定价方式，这也是一种趣味性定价。

第二，价格诱饵。

英国的《经济学人》是一个特别的例子，它提供了三种订阅价格：

- 仅订阅网络版：59 美元；
- 仅订阅杂志版：125 美元；
- 订阅网络、杂志双版：125 美元。

你的第一反应是不是那个"仅订阅杂志版"的价格敲错了，认为怎么会有人去选择第二种。第二种定价看起来是一个多余的选项。但是，"仅订阅杂志版"这个选项其实在用户订阅时发挥了重要作用。

如果没有第二个选项，用户就没有办法准确地进行比较。谁也不知道订阅网络、杂志双版要多少钱，大部分人会选择仅订阅网络版是因为更便宜。然而，"仅订阅杂志版"这个选项的存在迫使用户认真地进行比较，人们能够清晰地意识到"订阅双版"这个选项的价值。由于这个干扰项的存在，更多的用户选择了订阅双版（一个更贵的选项），该杂志由此增加了 43% 的收入。当提供不同版本的产品时，人们会很自然地对不同版本进行比较。你可以参考上面这个案例，为你的产品增加一个干扰项，引导消费者选择你更贵的版本。通过增加一个与更贵产品价格十分近似但质量较差的产品版本，你就能够影响消费者比较的结果，他们会发现贵一点的产品突然显得更有吸引力了。

第三，价格带模型。

这是商超零售专家黄碧云老师讲过的一个概念。所谓价格带，就是一个品类从最低价到最高价横跨的价格范围。通常超市在进货时要考虑价格带的问题，因为价格带是顾客对你超市定位的感知。比如酸奶，如果你的价格带是单瓶 10~30 元，那就是一个中高端超市的定价，整个超市也会让人觉得贵。

价格带模型就是价格带中的几个要素价格，包括起卖价、封顶价、主卖价格带和大众心理价。起卖价和封顶价比较好理解，就是这个品类中的最低和最高价格。

大众心理价就是一个品类的商品在大部分人印象里的最低和最高价格。比如酸奶，一般人认为一袋或者一瓶酸奶的价格是 2~10 元，这就是大众心理价。

了解了大众心理价格，你要想让顾客觉得你的价格带便宜，那就要把起卖价和封顶价做到比大众心理价都略低，顾客就会觉得你们家便宜。

所谓主卖价格带，就是你的起卖价和封顶价横跨的价格区间。

如果你经营的是一家卖场，你要注意的是价格模型中的这几个要素；而如果你是品牌提供商，你就要注意价格带中的价格空隙。

比如一般酸奶，1~2 元就是一个价格空隙，如果在价格带内还有某些价格没有出现，那这个空隙就是定价的机会。

扫码收藏本章金句

番外篇

笔记 35

品牌塑造和商业经营 不能用一个简单模型去解释

做营销，做品牌，不可避免地要聊到定位理论，甚至目前在国内大部分对品牌知识略知一二的老板们，知道的关于品牌的唯一理论就是定位。有些老板找我们做咨询时通常最简单的诉求就是"给我们做个品牌定位"。

定位理论在 21 世纪的前 20 年对中国营销界的影响绝对是压倒性的。

这个理论在中国影响力的建立，不仅仅是因为《定位》这本书的畅销，还因为国内众多做定位咨询的公司的努力，以及过去 20 年来大的消费品牌往往都接受了定位理论的咨询和洗礼。由于方法论普及、行业宣传以及成功案例频出，所以定位理论在中国大行其道。

定位理论确实是品牌理论史上非常重要的一个理论贡献，但是所有理论都是有局限性的，它肯定不会像某些定位理论信徒说的那样能解决一切品牌问题。

所以在本书快到尾声的时候，我想花一些篇幅来聊一聊我对定位的看法。

定位理论是由里斯和特劳特两位广告界的风云人物首先提出并不断完善的。里斯与特劳特本是同事，他们共同工作的公司叫 RCC 广告公司，是由里斯在 1963 年创办的。里斯在早期提出过一个定位的雏形概念叫作"rock"（岩石），后来加入公司的特劳特提出了"positioning"（定位）这个词来表达这一新思想。

不久之后的 1969 年，里斯和特劳特在《工业营销》上共同发表了《定位：同质化时代的竞争之道》一文，首次公开提出了"定位"这一新概念。从 1972 年开始，美国的《广告时代》杂志连续刊登了他们的系列文章《定位新纪元来临》。1980 年，麦格劳-希尔出版社出版了两人的《定位》一书，两人借由这本书一战成名。

定位理论获得过相当多的赞誉。2001 年，定位理论被美国市场营销协会（AMA）评选为"有史以来对美国营销影响最大的观念"。2009 年，美国《广告时代》杂志评选《定位》为"历史上最佳商业经典"第一名。

2002 年中文版《定位》出版，我应该是定位理论在中国最早的一批读者。2002 年我正在读 MBA（工商管理硕士），偶然看到这本书，有一种醍醐灌顶的感觉，从此在 10 年左右的时间里，我一直是定位理论的坚定拥护者。

2012 年，我们创办了在线教育网站第九课堂，那时我从一个广告创意人转换成为创业者。再后来我持续在真实的商业世界打拼、实践并且观察思考，我对定位也有了一些不同的看法，这里写出来与大家共同探讨。

在讨论一个理论，尤其是一个人文社科领域的理论的时候，我们需要一个基本的认知：任何理论和方法都是有限制条件和适用范围的。

在我们人类的认知和知识体系中，只有两个领域的理论是无法辩驳的。第一个是数学。数学的许多基础理论被称为公理。所谓公理，就是人类公认的道理。公理不接受反驳，如果公理错了，那人类的认知就会坍塌。数学本质上不是波普尔所说的科学。波普尔认为科学就应该具有"可证伪性"，但数学是不可被证伪的，所以在数学领域不会有人吵架，因为每个定理或者猜想都可以通过推导证明出来，公理和推导逻辑又是所有科学家的共识。

第二个领域是逻辑。人类思维和语言的逻辑也不可被证伪，逻辑甚至是数学思维和推导的基础。人类遵循同样的逻辑，才能在某些事情上达成共识。

除了以上两个领域，几乎所有能称为科学的理论方法都应该具有"可证伪性"。即使是牛顿的万有引力定律，物理学家也已经证明它在特定条件下是不适用的。在人文社科领域的思想，那就更不像科学，而且越不太科学的学科，人们往往越想给它安上一个科学的帽子，比如管理科学。真正公认的科学领域，比如物理，大家倒不在意后面是否有"科学"二字了。

我说了这么一大通就是想说，品牌营销领域其实没有绝对的、唯一正确的理论和方法。大部分理论和方法都有它的适用条件和适用范围，如果有人宣称这个理论通杀四方，能应付各种情况、各个品牌、各个企业，如果你愿意相信，那就请相信吧，反正我不信。

定位理论也有它的局限性。

在定位理论出现之前，品牌理论领域关注的是企业、产品和设计、创意和广告，没有人意识到或者真正洞察出品牌是存在于客户心智之中的。定位第一次提出品牌存在于顾客的心智之中，是对品牌认知的一个巨大贡献。

定位的核心观点是基于顾客认知的心理学。每个人的记忆能力是有限的，定位理论强调，人只能记住一个品类中排名前三的品牌，再多的品牌就很难被记住。这与我们的日常经验吻合，如果不是品牌专业领域的从业者，在某个品类中，你耳熟能详的品牌确实就是三个左右，甚至你只能记住排名第一的品牌。基于这个洞察，定位理论才强调，如果你不能在一个品类中占据第一名的位置，你就应该让自己成为一个特殊或者细分的类别，并成为这个细分类别的第一名。比如你做汽车，如果做不到该领域的第一名，那你就可以考虑做越野车、皮卡或者商务车的第一名，这就是一个极简版的对定位的描述。

我们还可从另一个角度去解读定位。

根据国外一些学者的研究，顾客在决定购买的时候是有一个决策流程的。一般情况下顾客会先区分自己想买的商品类别，然后再进一步细分，直到确定了想买某一个细分的品类。他会调动自己的记忆，列出几个品牌供自己选择。

比如他想买一种饮料。首先他会区分要买瓶装饮料还是现调饮料，瓶装饮料就是可乐、果汁等，现调饮料就是奶茶、咖啡、鲜榨果汁等。如果他决定要买一种瓶装饮料，他又会对瓶装饮料进行分类，这里可分为水和带口味的饮料，带口味的饮料又会分为碳酸饮料、能量饮料、咖啡饮料、茶饮料等。最后他决定要喝一瓶果汁，这会儿他就会调动自己的信息存储功能，列出几个他熟悉的品牌，也许是农夫果园，也许是元气森林的满分，也许是汇源果汁，也许是味全果汁。

这时，顾客通常会调出脑海中在这个品类中的头部或者第一位的品牌。所以，定位本质上就是要在顾客的脑海里留下最深刻的印象，顾客对你这个品牌的印象越深刻，你就越容易被纳入顾客的购买列表中。

成为品类第一，就是让顾客印象深刻的简单法门。

那么怎么才能成为品类第一呢？

第一种方式，是成为这个品类里的市场占有率第一。经过多年的努力，你有遍布全国的销售网络和越来越多的顾客使用场景，它们会不断强化你是市场第一的印象。你的市场占有率第一，自然就会成为品类第一的品牌。

第二种方式，就是创造一个细分品类。你还不是这个品类的市场占有率第一，而且根据目前的实力，你也很难超越现有的第一名。在正面打不过，只好从侧面去打。你要创造一个细分品类，并通过大量的广告宣传，努力成为这个细分品类的第一。比如小仙炖这个品牌，过去的燕窝第一名是燕之屋，它是即食燕窝的第一名。那小仙炖怎么去挑战燕之屋呢？不要挑战即食燕窝第一名，而是要开创一个细分品类，所以小仙炖说自己是鲜炖燕窝，它用冷链配送，保质期只有 15 天。结果小仙炖就成了鲜炖燕窝的第一名。

这看似是一个完美的逻辑，但就像我说过的，在品牌领域没有一个理论是包治百病的，它都有自己的适用条件和限制。接下来就讲讲我认为的定位理论的局限性。

定位理论诞生在美国的 20 世纪 60 年代，这已经是二战后经济高速发展了 20 年之后了，世界从满目疮痍、物资短缺到生机勃勃、物资充盈。大家突然发现并不是生产出商品，你就能卖得出去，因为消费者有了越来越多的选择。

由于大量商品的同质化，定位理论提倡用心智来影响顾客对商品的看法，所以定位的开创性文章题目就是《定位：同质化时代的竞争之道》。请记住，它是为了解决商品同质化下的问题。

怎么影响顾客对品牌的认知呢？其实就是大量做广告。20 世纪60 年代恰好是美国电视广告风行的时代，就像 20 世纪 90 年代的中国一样。你只要投放大量的广告，并且坚持自己的定位，你就可以在顾客心智中占据一个重要的位置。只要能留下深刻的印象，顾客购买时就会更多地考虑你的品牌。

所以，定位本质上就是在顾客脑海中留下比别的品牌更深刻的印象。为了让顾客的印象更深刻，你才需要有个独特品类，因为别的品类的位置已经有一个印象深刻的品牌了。所以你的定位要简单、深刻，让顾客容易记住你，而且还需要大量的广告帮助顾客记忆。

这就是定位的条件：要有大量的广告来支撑这个"心智位置"，而且还需要一个能够迅速且大面积影响顾客的媒体，那时的媒介就是电视广告。你做了一个品牌定位，顾客怎么知道你就是这个定位呢？通常顾客只有看广告才能知道。如果你说我的线下门店很多，顾客也可以记住。你的门店如果在这个行业是最多的，那你已经是第一了，就不需要定位帮你了。

国内一个奶粉品牌的定位是"更适合中国宝宝"。可是，如果有个奶粉巨头铁了心要占据"更适合中国宝宝"这个心智位置，那它用5 倍的广告轰炸，是不是就可以占据这个心智位置了？因为"更适合中国宝宝"并不是某个品牌专属的。

所以广告量很重要。克劳塞维茨的《战争论》和中国的《孙子兵法》同样强调，战争取胜的第一原则是兵力原则，也就是兵力越多取胜概率越大。在影响顾客心智的"战争"中，广告量就是兵力，广告量决定了谁更能影响顾客。

还有一个条件就是你必须有大量影响消费者的媒体。过去是电视台，特别是央视，但今天电视广告的效果已经大打折扣了。你可以想想，最近十年间，有几个品牌是通过投放电视广告做成行业第一的？几乎没有。

你要想占据顾客心智，那你准备了多少钱？你知道你的对手准备了多少广告费？你是不是一定要比对手多几倍才行？还有，你到哪里去投大量广告来快速影响消费者？

看起来，定位的第一个条件，广告费会非常高。而第二个条件，大规模传播的媒体正在消失，你的广告要想达到过去的同样效果还要花费更多倍的广告费。这个费用究竟值不值得，是需要我们思考的。

另外，具体的商业实践比理论模型要复杂很多，也真实很多。一个企业的成功是多重因素综合作用的结果，靠的是正确的商业经营逻辑，而不可能靠一个单纯的品牌方法。比如，德国有一个自动炒菜机品牌，叫作小美。没有用过的人几乎不知道这个牌子，但在炒菜机这个品类中小美的市场占有率是全球第一。它的成功依靠的是它独特的代理机制，即通过销售代理的推销。而这些销售代理大多数来自它的用户，它通过把自己的用户发展成销售代理，成为炒菜机品类的第一名。当然小美也是全球炒菜机领域拥有专利技术最多的一个品牌，这是产品力和销售模式的成功。

比如我过去遇到的一个白酒品牌，它通过私域流量、社群营销就做到了几十亿元的规模，而它几乎没有打过广告。

说到这里，我简单总结一下。**定位是有用的，但有它适合的品类**

和行业，也必须有许多配套条件支持才可行。

定位理论确实影响非常大，我在前面也讲过了它获得的一些荣誉。但我认为，有些"荣誉"被夸大了。在中文版《定位》邓德隆写的序言中，定位被尊为第三次生产力革命，文中说的第一次生产革命是泰勒的"科学管理"，第二次是德鲁克的"管理"，第三次就是定位理论。我个人觉得，定位理论还很难与科学管理和德鲁克的管理成就相提并论。即使在品牌理论领域，如果要评选影响力和贡献，排名第一的也应该是凯文·莱恩·凯勒和他提出的品牌资产模型。卢泰宏教授在他的《品牌思想简史》一书中，给凯勒、阿克，甚至欧洲品牌学者卡普菲勒的篇幅要远远大于定位理论的篇幅。

我也去了解了一下亚马逊的图书销量排名。截至 2021 年 12 月 1 日，《定位》一书在亚马逊广告类图书中排名第 36 位，在领导力类图书中排名第 40 位，在市场营销类图书中排名第 165 位。

最早发布定位理论文章的美国《广告时代》杂志，在对过去 75 年里的 75 个最重要的广告时刻的评选中，定位理论排在第 56 位。在不同期刊、不同领域中，对定位影响力的尊崇程度也是不同的，所以我们还是本着全面的视角去看待定位理论为好。

我早年读《定位》的时候，被书中精彩的论述吸引，那时我才 26 岁，对商业世界所知甚少，所以深信作者讲述的每一个案例。书中既有理论，又有大量案例佐证，这让我对《定位》深信不疑。

但随着了解到的企业和真实案例越来越多，我认为定位作者在引用案例的时候经过了刻意筛选，那些"不符合"定位理论却经营成功的，以及用定位理论经营却失败了的案例被雪藏了。《定位》这本书已经出版 40 多年了，书中的许多论断今天已经被证实是错误的。

既然与定位理论的论述有相违背的事实，那只能说明，企业并不是只能依靠定位才能成功。

我举几个《定位》中曾经提过的案例，并尝试探讨一下。

在中文版《定位》第一版第九章中，作者讨论了"名字的威力"，其中有这么一段：

> 作为每周一期的新闻杂志，《时代》这个名字就比不上《新闻周刊》，因为后者更为通用。
>
> 《时代》是第一份新闻周刊，并且显然很成功。但是，《新闻周刊》落后并不多（事实上，《新闻周刊》每年刊登的广告量超过了《时代》）。
>
> 很多人认为"时代"是一个了不起的杂志名。从某种意义上说，的确如此，这个名字简短、醒目、易记，但是，同时也含糊、隐晦（《时代》也可以是一份钟表行业的杂志）。
>
> 《财富》杂志的名字也有同样的问题（《财富》可以是一份面向股票经纪人、零售商或赌徒的杂志，所以，这一名字不够明确）。《商业周刊》这个名字就好多了，也是一份更成功的杂志。

在这一段中，作者认为《财富》以及《时代》杂志的名字没有《商业周刊》好，也给出了他的理由，我也觉得他写的理由没错。但糟糕的是，在我看到的那个版本（可能是针对早期英文版说的）中，作者在书里加了一个注解，他这么写道：

> 不得不承认，现在看来，《时代》的名字比《新闻周刊》这

个通用的名称更好。同样,《财富》也好过《商业周刊》。当时,我们被后两家采用通用名称的杂志的明显成功所误导。杂志业有"进入壁垒",通用名称的弊端,不会像包装商品等行业那样明显。在超市或杂货店里,一个新品类通常会带来大批使用通用名称的产品,造成混乱,所以使用通用名称的品牌很少会畅销。

这本书在 1981 年出版,我看到这本书的时候是 2002 年,那时候《时代》和《财富》的名声都比《商业周刊》要大得多。其实我当时非常惊讶作者居然会这么写。一个名字的好坏,可能会对品牌有些影响,但不至于说企业经营成功了,名字就一定是成功的。苹果是个好名字,简单易记,但苹果跟电脑和手机一点关系都没有。联想也是个好名字,但苹果这个名字比联想好吗?联想和华为比呢?我没法判断。可要是有人因为苹果市值高,就觉得苹果比联想的名字好,我觉得很不妥。哪怕华为经营得比联想成功,但从名字上来说,我依然认为联想的名字明显比华为更好。

可是,作者在这里的态度就有一点点骑墙,说《商业周刊》比《时代》好时是一个理由,当解释《时代》为什么比《商业周刊》好时,又讲出了一大堆理由,这难免让人怀疑定位理论的精确性。而且也不能说谁成功谁的名字就一定好。看到哪个企业成功,就用自己的一套理论解释它为什么成功,这不是一个科学的态度。

当然名字还是小事,《定位》作者之一特劳特的另一本书《什么是战略》中,读到的案例和结论更让我觉得作者过于武断了。

在这本书中,作者解释了定位会起作用是因为人不喜欢复杂,定位一定要简单简洁。其中讨论了关于产品的功能问题,他这么写道:

现代企业人喜欢谈论"融合"，即把各种技术合并，生产出具有更多功能的新产品，然而结局往往是失败。下面是典型的例子：

- 美国电报电话公司（AT&T）的 EO 个人通信器，它集合了手机、传真机、电子邮件、个人管理器和手写电脑。
- Okidata 公司的 Doc-it，它集合了桌面打印机、传真机、扫描仪和复印机。
- 苹果电脑公司的牛顿，它集合了传真机、传呼机、电子日历和手写电脑。
- 索尼公司的多媒体播放器，它带有显示屏和联机键盘。

当然，它们比起比尔·盖茨对未来钱包的构想，还算是简单的。比尔认为未来钱包应该是一种装置，能够集合或代替钥匙、信用卡、身份证、现金、书写工具、护照和子女照片的功能，还应该带有全球定位系统，让你随时知道身在何处。

这些产品能够成功吗？不太可能！它们功能太杂乱，太复杂了，世界上还有很多人甚至都没搞懂如何使用录像机录像。

人们对复杂的事物有抵触情绪，他们喜欢简易的东西，总想按一下按钮就一劳永逸。

你读完这段有什么感觉？

我看到比尔·盖茨设想的"钱包"的时候，脑海里出现的是一个现代人离不开的产品——手机。它确实实现了比尔·盖茨想要的所有功能："能够集合或代替钥匙、信用卡、身份证、现金、书写工具、护照和子女照片的功能，还应该带有全球定位系统，让你随时知道身在何处。"除此之外，它还可以看健康码、行程码，可以刷地铁票，可以拍照、录像、打电话、发邮件、记录运动量、开视频会议、看书、听课等，它比比尔·盖茨设想的还要复杂。但是，现代消费者要爱死这个玩意儿了，他们似乎并没有讨厌这个具有极其复杂功能的东西。

在《定位》一书中，作者把米勒啤酒失败的原因归结为改变了淡啤酒的定位而推出了高品质生活啤酒，作者认为这是典型的品牌延伸。所以在《什么是战略》中，作者同样批评了亨氏的做法，他这么写道：

> 成功的专家型品牌必须保持专一性，不能让业务延伸而失去专家地位。
>
> 大多数的企业不愿意局限于一项业务或一个领域，而是追求尽量多的机会成为一家更大的企业。但这里有一项风险，一旦企业失去焦点，专家地位就有可能让位于人。亨氏是酱瓜业的专家，接着他推出了番茄酱，现在他在 Vlasic 和 Mt.Olive 的夹击下，几乎要退出酱瓜业务。

《什么是战略》这本书 2011 年在中国出版，在美国是 2004 年出版的。但我们看到的事实是，亨氏后来成为番茄酱领域全球排名第一的品牌，亨氏还是婴幼儿辅食米粉的全球第一品牌。如果按照作者的说法，亨氏推出番茄酱是错的，那又怎么解释亨氏在两个不同品类中分别取得第一呢？

综合来看，作者在写作中引用的案例是经过筛选的，因为当时也有不用定位却很成功的企业，只是他不去讲。而那时他批评的一些品牌，经过几十年的实践检验，同样证实了当时他的一些论断是错误的。

我并不是故意找出这些案例来反驳所谓定位理论，而是想表达一个意思：**只用一个简单的要素去思考企业会不会成功本身就是很草率的**。比如，我曾经说过名字很重要，一定要简单好记才行，那不简单也不好记的品牌会不会成功呢？当然也有可能成功，品牌名本来就只是影响企业营销的一个环节而已，只要这个企业别的方面做得成功就可以。我们有个客户叫 Babycare，目前是国内排名第一的婴幼儿电商品牌，2021 年销售额超过 50 亿元。它的名字好记吗？真的不好记。

过去，我还听过某些定位专家的论断。早期美团和饿了么拼外卖业务的时候，饿了么更强，美团份额没有那么大，因为饿了么进入市场更早，美团只是新进入者。定位专家就会用定位理论来解释这个局面，说那是因为美团不专注，它又做点评，又做团购，还做电影票，但饿了么只专注在外卖一个领域，所以饿了么的市场份额是美团的两倍还多。可没过几年，美团就碾轧饿了么了，美团外卖的市场份额现在是饿了么的两倍。至于说这个市场的终局是什么样的，其实谁也不知道，也许哪天美团犯了一个惊天的错误，饿了么突然就会咸鱼翻身，这也未可知。

用单一要素去判断一个企业会不会成功，不是一种科学客观的方法。我还是那个观点：企业的成功是多种因素的成功，而不是一个点做好了就可以的；同样，企业的失败，也是多种因素造成的，不能说失败就是因为某个因素。

总结一下，我对定位的几个观点。

第一，定位是一个重要的品牌理论，它首次洞察到品牌是存在于顾客心智中的，这才导致后来出现了品牌资产（品牌资产是顾客对品牌的所有认知）的概念。

第二，定位对快消品尤其有效，这类商品往往缺乏产品的壁垒，需要定位来区分。而且由于消费频次高、受众广，快消品也更适合做广告。

第三，定位需要大量广告才能影响顾客的心智，但大规模集中化的媒体正在消失。

第四，定位本身没有错，但要认识到它有适用条件，认为定位可以解决一切问题的想法不可取。

第五，统计学大师乔治·博克斯曾经说过，**所有的模型都是错的，它们只在特定的尺度上成立。假如只用一个模型观察世界，就会让真理成为公式的牺牲品。**希望你能理解，真正的品牌塑造和商业经营，并不是可以用一个简单模型完全解释的。

不必追求达到完美

你好，你已经读完了这本《营销笔记》，是不是有一种并没有结束的感觉？

确实是，其实这本书应该叫《营销笔记（一）》才是最准确的，因为即使从 4P 的框架来看，我也仅仅讲了 2 个 P。除了 4P 中余下的渠道和促销，在营销领域，还有许多重要的问题，比如关于品牌，比如关于战略，比如营销环节的持续改善，等等，我都还没有讲。

所以，只要我的营销实践与观察还在继续，我就会持续将《营销笔记》写下去，接下来应该会有二、三、四、五……直到我写不动为止。

当然我说过，这本书之所以叫笔记，就是想让每一篇都能独立成篇，有点像《我爱我家》的电视剧，你不用看其他剧集，从任何一集开始看都没有违和感。这么写有它的好处，当然也有不太系统的地方，不过这正是我想提醒你的，其实人生和企业经营一样，不可能达到完美，我们只能选择一个方向或者一个结果。

我们每个人每个企业，在精进上可以选择执着地前进，但在结果上，最好不要过于纠结和执着，那只会让你失望。不会有完美的人生，也不会有完美的企业，我们只能努力让自己的人生过得更好一些，让自己的企业明天比今天更好一些而已。

所谓完美，就是一种永远都达不到的状态。

最后，你也可以加我的企业微信号，随时与我交流。因为个人微信号限制的好友人数是一万人，所以只能放一个企业微信号在这里，但这个企业微信号绝对是我，小马宋本人亲自维护的。

有什么问题，微信上聊。

扫描二维码，添加我的企业微信

企业微信

致谢

没想到，出一本书居然有这么多的工作量，好在我有许多给力的好朋友，他们有的提供了经营案例，有的对书的内容提供了建议和意见，有的对书的出版提供了诸多帮助，有的还提前以金钱和内容的双重支持成为本书的知识合伙人，有多位朋友作为品鉴官阅读了书的初版，还有更多朋友提供了设计、策划等多方面的支持，在此一并感谢他们。

首先感谢以下我的好朋友们，为本书提供了诚恳的建议并真诚推荐本书，他们是：

罗振宇：得到 App（小马宋客户）创始人

脱不花：得到 App CEO，《沟通的方法》作者

刘润：知名商业顾问，润米咨询创始人

香帅：知名金融学者

何帆：知名经济学家

李叫兽：知名战略营销顾问，本书推荐序作者

刘德：小米集团联合创始人，高级副总裁

刀姐：女子刀法创始人

蔡钰：得到 App《蔡钰商业参考》主理人

陈蓉：奥美中国区首席增长官

杨飞：瑞幸 CMO

曾任伟：博商管理学院（小马宋客户）创始人

TAZ：小皮婴幼儿辅食（小马宋客户）创始人

耿元善：半天妖青花椒烤鱼（小马宋客户）创始人

夏东：乐刻运动（小马宋客户）联合创始人 / 联席 CEO

宋奇：遇见小面（小马宋客户）创始人

王云安：古茗（小马宋客户）创始人

谢焕城：七分甜（小马宋客户）创始人

徐建兴：三胖蛋（小马宋客户）创始人

杨振华：熊猫不走（小马宋客户）创始人

简里里：简单心理（小马宋客户）创始人

钟晓雨：云耕物作（小马宋客户）创始人

王为：醋客酱酒（小马宋客户）创始人

王成：前每日优鲜合伙人 & 营销负责人

陈绍鹏：佳沃集团（小马宋客户）董事长

陈艳：获客文化（小马宋客户）创始人

李倩：知名营销专家

剽悍一只猫：个人品牌顾问，《一年顶十年》作者

胡传建：亚洲吃面创始人

秦朝：餐饮老板内参创始人

邵恒：得到 App《邵恒头条》主理人

张伟：新世相创始人

洪华：小米谷仓创始人

黄海：新消费品投资人

古典：新精英生涯创始人

李翔：得到 App 总编辑，《详谈》作者

林少：十点读书创始人

白秀峰：美团外卖研究院院长

超哥：播客《文化有限》主播，原叶袋泡茶"三五杯"联合创始人

陈格雷：IP 蛋炒饭创始人

成甲：畅销书《好好学习》《好好思考》作者

丛龙峰：和君咨询首席管理专家

丁文婷：黑白调创始人

管毅宏：太二酸菜鱼创始人

韩皮：Hello 再会营销大学创始人

黄有璨：有瞰学社创始人

李海波：喜马拉雅副总裁

吴鲁加：知识星球创始人

叶梓颐：知名天文摄影师

亦仁：生财有术创始人

余朋铭：新则创始人

张国衡：美宜佳董事长

何加盐：公众号何加盐主理人

坤龙：媒老板商学院创始人

陈勇：转化率特种兵，六要素营销咨询创始人

朱昊鲲：自媒体人，高考教学达人"鲲哥"

申晨：熊猫传媒创始人

池骋：知名社群和自媒体人

潘利华：广东太古可口可乐市场销售总监

粥佐罗：知名自媒体人

感谢小马宋战略营销咨询公司的全体同事为本书做出的贡献和工作，特别感谢如下几位同事：

孙楠：《营销笔记》事务统筹，小马宋管理合伙人

管子：小马宋设计合伙人，知名设计师

李思瞳：《营销笔记》封面设计师，小马宋资深品牌设计师

枪上花：《营销笔记》编辑助理，小马宋项目咨询负责人

同时，感谢中信出版社张艳霞老师、李怡霏老师、赵辉老师、刘姿琪老师和天演文化的吴燕恬老师、晓玲老师、林荫老师、牛阳阳老师，因为有他们，这本书才得以顺利出版和发行。

感谢《营销笔记》的所有品鉴官。

内测品鉴官：

罗量、会会、刘亚、崔心哲、林姝、张梓筠、付思、木子亮、叶梦婷、李卉姿

99 位天演品鉴官：

安慧、肖庆兰、王梓名、罗梓涵、刘白、陈先德、程鸿语、KK、及乐、Mia、昱言、黄爱程、梁了、毛韩、杨知卓见、柠檬、杰西酱、袁权、郭大宝、王犇、谢珊珊、李天龙、李欣迪、冯筱、黄金海（子弹）、苏雪婷、丘济瑜、龙飞、杨隆兵、邓熔、唐瑶、吴海燕（橙子姐）、孟阳、何佳書、贾皓、陈路、胡丁玲、李奇亮、孙来振、颜奇明、程伟、王储、永光、贾生提、谈超、李珊珊、张一帆、赵阳、孙

凌、武佳佳、施霖、馒头（韩耀文）、陈延军、吃货海哥、战扬、洪贤莉、欧野野、张伟国、金橙、张乐、刘茂平、彭程钰、徐刚、黄明晖、肖兴昆、文雯、李军才、杨阳（清风）、心怡、西塘、杨改革、郭一三、郑晶晶、英梓、黄昌团、范志鹏、陆康娣、张喜梅、丛蕾、黄淘、奶四、美霞、king19李扬、张晓达、陆建平、张朝、程佩、张小智、冯思延、张晓荣、陈庆、宽大同、张誉龄、孙正坡、王冲、陶明瀚、叶志杰、谢振忠、刘天名

最后，感谢 10 位《营销笔记》的知识合伙人，他们成为本书的第一批购买者和赞助者，并为读者们提供了 10 篇营销实战锦囊。

个人品牌顾问，《一年顶十年》作者：剽悍一只猫

生财有术创始人：亦仁

天演文化创始人，金牌出版人：吴燕恬

《超级转化率》作者：陈勇

大富炸货铺创始人：海亭

前每日优鲜合伙人 & 营销负责人：王成

品牌与产品创新顾问：大象

爱心树阅读成长中心创始人：奶茶老师

摩西科技创始人兼 CEO：朱健瑞

深圳鼎日品牌营销咨询公司创始人：黄嘉超

云嘉家政创始人兼 CEO：刘杰

（以上排名不分先后）